“四个走在全国前列”系列学习读本

引领潮流

在建设现代化经济体系上走在全国前列

广东省社会科学院 编

SPM
南方出版传媒
广东人民出版社
·广州·

图书在版编目（CIP）数据

引领潮流：在建设现代化经济体系上走在全国前列 /广东省社会科学院编. —广州：广东人民出版社，2018. 9
（“四个走在全国前列”系列学习读本）
ISBN 978-7-218-12990-7

Ⅰ. ①引… Ⅱ. ①广… Ⅲ. ①区域经济—经济建设—研究—广东 Ⅳ. ①F127. 65

中国版本图书馆 CIP 数据核字（2018）第 131988 号

YINLING CHAOLIU——ZAI JIANSHE XIANDAIHUA JINGJI TIXI SHANG ZOU ZAI QUANGUO QIANLIE
引领潮流——在建设现代化经济体系上走在全国前列
广东省社会科学院 编

出 版 人：肖风华

选题策划：钟永宁
责任编辑：卢雪华 曾玉寒 廖智聪 伍茗欣
封面设计：李桢涛
责任技编：周 杰 吴彦斌

出版发行：广东人民出版社
地 址：广州市大沙头四马路 10 号（邮政编码：510102）
电 话：（020）83798714（总编室）
传 真：（020）83780199
网 址：http://www.gdpph.com
印 刷：广东新华印刷有限公司
开 本：787mm×1092mm 1/16
印 张：12 **插 页：**1 **字 数：**200 千
版 次：2018 年 9 月第 1 版 2018 年 9 月第 1 次印刷
定 价：35.00 元

如发现印装质量问题，影响阅读，请与出版社（020-83795749）**联系调换。**
售书热线：（020）83795240

编委会

总 序

王 珺

2018 年 3 月 7 日，习近平总书记参加十三届全国人大一次会议广东代表团审议并发表重要讲话，要求广东要在构建推动经济高质量发展的体制机制、建设现代化经济体系、形成全面开放新格局和营造共建共治共享社会治理格局上走在全国前列。这是习近平总书记在新时代赋予广东的新使命和新担当，体现了对广东未来发展的战略定位和科学谋划，以及对广东这片热土的殷殷重托与深深期盼。

近代以来广东屡开风气之先，为中国革命、建设、改革作出了重要贡献。特别是近 40 年来，广东作为中国改革开放的排头兵、先行地、实验区，在全国率先迈出了改革开放的第一步，为改革开放破题开局，实现以开放促改革，以改革开放促发展，并一路领先发展。广东连续 29 年经济总量全国第一，并为推动全国改革开放积累了经验、作出了示范、提供了借鉴，为党的实践创新和理论创新提供了丰富鲜活的实践经验。

当前，中国特色社会主义事业进入了新时代，中华民族迎来了从站起来、富起来到强起来的伟大飞跃。同时，我国社会主要矛盾已经转化为人民日益增长的美好生活需要和不平衡不充分的发展之间的矛盾，这个关系全局的历史性变化，对党和国家工作提出了许多新挑战和新要求。

广东发展也站到了新的历史起点上。“一带一路”建设、自贸区建设、粤港澳大湾区建设等给广东发展带来重大机遇。同时，作为改革开放先行地，发展不平衡不充分的矛盾在广东表现得更为突出，被过往经济高速发展所掩盖的一系列深层次问题日益突显。改革解决了旧矛盾，也迎来了新问题，体制机制、发展理念、发展路径、发展动力等还未能完全适应新时代高质量发展的要求，广东未来发展要应对的新困难、新挑战依然复杂严峻。

习近平总书记对广东提出“四个走在全国前列”的要求，为广东新时代发展指明了前进方向、提供了根本遵循。“四个走在全国前列”与广东在改革开放 40 年征程上“先行先试”的角色和使命，既一脉相承，又与时俱进。“四个走在全国前列”所共同指向的，既是广东必须破解的瓶颈性问题，也是党中央高度关注并迫切需要解决的全局性问题；既是关系我国经济社会发展的重大现实问题，也是关系中华民族长远发展的重大理论问题。率先探索和解决这些问题，广东责无旁贷。习近平总书记以重要讲话为广东开创工作新局面、在新时代继续走在全国前列指明了方向，广东关键是要深刻学习领会，把握精神实质，抓好贯彻落实。

今年 6 月召开的中共广东省委十二届四次全会，就进一步深化学习贯彻习近平新时代中国特色社会主义思想和党的十九大精神、认真落实习近平总书记参加十三届全国人大一次会议广东代表团审议时重要讲话精神、推动工作落实进行全面部署。广东省社会科学院积极贯彻落实中共广东省委十二届四次全会精神，以及省委提出的“社科理论界要围绕干部群众学习贯彻过程中提出的热点难点问题进行解读、辅导”的要求，以习近平新时代中国特色社会主义思想为指导，坚持理论联系实际，坚持国家战略与地方发展相结合，坚持新型智库建设与服务大局相结合，提早部署，率先行动，迅速组织撰写《“四个走在全国前列”系列学习读本》丛书。丛书共四本：《跨越关口——在构建推动经济高质量发展的体制机制上走在全国前列》《引领潮流——在建设现代化经济体系上走在全国前列》《内外联动——在形成全面开放新格局上走在全国前列》《长治久安——在营造共建共治共享社会治理格局上走在全国前列》。丛书力求深入浅出地阐释习近平总书记重要讲话的丰富内涵、精神实质和实践要求，重点围绕“四个走在全国前列”，讲清楚习近平总书记对广东提出了什么新要求，广东目前的条件怎么样，下一步应该怎么办，并以链接方式，解释相关名词术语（关键词），介绍成功个案和经验做法。丛书作为具有一定理论概括又通俗易懂的学习读本，既为广大干部群众解答学习贯彻中的热点难点问题，又对广东如何发挥优势、弥补不足、探索新经验、实现新作为，努力走在全国前列，进行了具有积极意义的理论探索。希望能够通过丛书的编撰出版，对推动习近平新时代中国特色社会主义思想在广东大地落地生根、结出丰硕成果贡献一点智慧与力量。

2018 年 8 月

（王珺，广东省社会科学院党组副书记、院长）

目 录

一

为什么要建设现代化经济体系？

（一）现代化经济体系的提出背景

党的十九大报告作出了中国特色社会主义进入了新时代、我国社会主要矛盾已经转化为人民日益增长的美好生活需要和不平衡不充分的发展之间的矛盾等重大政治论断，对决胜全面建成小康社会、开启全面建设社会主义现代化国家新征程作出了全面部署。其中很重要的一点就是“贯彻新发展理念，建设现代化经济体系”。同时指出我国经济已由高速增长阶段转向高质量发展阶段，正处在转变发展方式、优化经济结构、转换增长动力的攻关期，建设现代化经济体系是跨越关口的迫切要求和我国发展的战略目标。国家强，经济体系必须强。只有形成现代化经济体系，才能更好顺应现代化发展潮流和赢得国际竞争主动，才能为其他领域现代化提供有力支撑。

一是我国经济发展进入新常态。从速度层面看，经济增长速度从高速增长转为中高速增长，经济增长的质量和内涵发生质的变化；从结构层面看，经济结构发生全面深刻变化，不断优化升级；从动力层面看，经济发展从要素驱动、投资驱动转向创新驱动；从风险层面看，生态环境和一些不确定性风险将进一步显现。我们要主动适应新时代的变化，把握新时代的新要求，坚持质量第一、效益优先，在补齐发展短板、提高供给质量、增强创新活力、扩大开放水平等方面发力，加快建设现代化经济体系，不断增强我国经济创新力和国际竞争力，为驶入新征程的中国经济贡献力量。

二是社会主要矛盾发生变化。经过改革开放40年的发展，尤其是党的十八大以来，我国经济社会发展取得了举世瞩目的成就。我国社会的主要矛盾已经由人民日益增长的物质文化需要同落后的社会生产之间的矛盾转化为人民日益增长的美好生活需要和不平衡不充分的发展之间的矛盾。需要更加注重全面发展，更加注重创新发展，更加注重平衡发展，更加注重共同富裕。我国社会主要矛盾的变化是中国特色社会主义进入新时代的一个重要标志。要破解这一矛盾，就必须更高水平发展生产力，更大力度调整和完善生产关系，积极推进现代化经济体系。

链接

经济新常态

新常态经济是与GDP导向的旧经济形态与经济发展模式不同的新的经济形态与经济发展模式。新常态经济用发展促进增长、用社会全面发展扬弃GDP增长，用价值机制取代价格机制作为市场的核心机制，把改革开放的目标定位于可持续发展的社会主义市场经济而不是不可持续增长的资本主义市场经济。

2014年5月，习近平总书记在考察河南时指出：“我国发展仍处于重要战略机遇期，我们要增强信心，从当前我国经济发展的阶段性特征出发，适应新常态，保持战略上的平常心态。”“新常态”一词在公众视野里第一次出现。2014年11月，习近平主席在亚太经合组织（APEC）工商领导人峰会上首次对“新常态”进行了阐释，提出“新常态”的三个显著的特点：一是从高速增长转为中高速增长；二是经济结构不断优化升级，第三产业消费需求逐步成为主体，城乡区域差距逐步缩小，居民收入占比上升，发展成果惠及更广大民众；三是从要素驱动、投资驱动转向创新驱动。“适应新常态、把握新常态、引领新常态，是当前和今后一个时期我国经济发展的大逻辑。”这是以习近平同志为核心的党中央综合分析世界经济长周期和我国发展阶段性特征及其相互作用作出的重大判断。

（二）现代化经济体系的战略意义

建设现代化经济体系，是以习近平同志为核心的党中央从党和国家事业全局出发作出的重大决策部署。建设现代化经济体系是紧扣新时代我国社会主要矛盾转化、落实中国特色社会主义经济建设布局的内在要求，是决胜全面建成小康社会、开启全面建设社会主义现代化国家新征程的基本途径，也是适应我国经济由高速增长阶段转向高质量发展阶段，转变经济发展方式、转换发展动能和全面提升国际竞争力的迫切需要，意义深远而重大。

1. 建设现代化经济体系是我国跨越关口的迫切要求和发展的战略目标

我国在经济高速增长过程中由于发展方式粗放，体制机制改革不到位，导致发展不平衡、不协调、不可持续的结构性矛盾及与之相对应的金融风险不断积累，现在正处于解决这些难题的攻关期。当前，中国特色社会主义进入了新时代，我国经济发展也进入了新时代，基本特征就是我国经济已由高速增长阶段转向高质量发展阶段。这表明我国不能再刻意追求速度，经济增长重心应由“量”转“质”。建设现代化经济体系，其实就是我国在主动求变、变中求进，进而推动经济发展方式的转变和经济增长动力的转换。只有建设现代化经济体系，才能实现经济由量的扩张转向质的提高，促进制造业由大变强，产业结构迈向中高端，才能使发展动力从主要依靠低成本要素投入转向主要依靠科技创新和人力资源质量优势，显著提高全要素生产率和整体经济效益，实现经济社会的可持续发展。

2. 建设现代化经济体系是我国顺利实现“两个一百年”奋斗目标的必由之路

从现在到2020年是全面建成小康社会的决胜期，到2035年基本实现社会主义现代化，到本世纪中叶建成富强民主文明和谐美丽的社会主义现代化强国，这是党的十九大为我国未来30余年制定的战略目标。要确保如期实现目标，全力抓住经济建设的这个重要中心是必然的，必须坚定不移把发展作为党执政兴国的第一要务，坚持解放和发展社会生产力，加快建设现代化经济体系，推动经济持续健康发展。这就要求我们，着眼于抢占世界科技和经济竞争制高点，着力推进科技进步和产业优化升级，加快建成现代化经济体系，不断提升我国在国际分工中的地位，不断塑造我国在国际竞争中的新优势，不断扩大我国经济对全球的影响力，为实现“两个阶段”新目标奠定坚实基础。

3. 建设现代化经济体系是我国引领世界科技革命和产业变革潮流、赢得国际竞争的主动的现实选择

从国际看，国际金融危机深层次影响继续显现，世界经济复苏进程仍然曲折，强国重定游戏规则，各国都在进行经济结构和发展模式调整，培育新的经济增长点，发达国家将“再工业化”作为重塑竞争优势的重要战略，发出向实体经济回归信号，围绕信息、生物、环保等领域的新一轮科技和产业竞争愈演愈烈。只有实现我国经济的高质量发展，才能在激烈的国际竞争中赢得主动。只有努力建设现代化经济体系，坚持对外开放的基本国策，坚持打开国门搞建设，才能抓住新一轮经济全球化给我国带来的新的发展机遇，在高水平融入经济全球化的基础上，利用中国庞大的内需虹吸全球先进生产要素，尤其是人力资本和先进技术发展创新经济，才能促进我国产业迈向全球价值链中高端。

链 接

金融危机后的国际环境

国际金融危机爆发后，世界经济格局不断发生深刻变化，世界经济呈现出“总量需求增长缓慢、经济结构深度调整”的特征。统计数据表明，2008 年以来至 2016 年年底，全球经济增长由前 10 年的年均 4.13% 下降为 2.85%，全球贸易增速由年均 11% 大幅下降为 –0.21%。目前尚未出现像互联网那样能拉动经济进入长增长周期的重大科技创新，因而未来几年世界经济难以继续前几年的快速增长，全球经济复苏进程仍然曲折。与此新一轮科技革命和产业变革正在孕育兴起，一些重要科学问题和关键核心技术已经呈现出革命性突破的先兆。物质构造、意识本质、宇宙演化等基础科学领域取得重大进展，信息、生物、能源、材料、海洋和空间等应用科学领域不断发展，带动了关键技术交叉融合、群体跃进，变革突破的能量正在不断积累。世界主要国家抓紧制定新的科技发展战略，抢占科技和产业制高点。

（三）现代化经济体系的内涵与特征

习近平总书记指出："现代化经济体系，是由社会经济活动各个环节、各个层面、各个领域的相互关系和内在联系构成的一个有机整体。"他强调："必须坚持质量第一、效益优先，以供给侧结构性改革为主线，推动经济发展质量变革、效率变革、动力变革，提高全要素生产率，着力加快建设实体经济、科技创新、现代金融、人力资源协同发展的产业体系，着力构建市场机制有效、微观主体有活力、宏观调控有度的经济体制，不断增强我国经济创新力和竞争力。"

由此可知，现代化经济体系是一个以创新、协调、绿色、开放、共享的新发展理念为指导，由多要素组成的具有现代性的经济系统，具体可体现在经济体系的增长动力、要素结构、运行机制、系统环境、发展目标五个方面。即现代化经济体系是以创新作为经济增长的驱动力，经济增长的源泉是依靠创新带来全要素生产率的提升；具有高端要素集聚和现代产业主导的特征，而且其劳动力、资本和技术等各个生产要素以及各个产业、区域、城乡子系统呈现结构协调性；具有高效配置资源的、成熟的市场化体制机制，体系内各类市场主体公平竞争，具有活力，政府宏观调控政策科学有度；具有动态开放特征，对环境具有很好的适应性；追求实现高质量经济发展目标，保证国家经济具有竞争力，实现可持续性、包容性的发展。

具体而言，现代化经济体系有以下几个特征。

1. 创新是经济增长的驱动力

创新是引领发展的第一动力，是建设现代化经济体系的战略支撑。党的十八大提出实施创新驱动发展战略，指出科技创新是提高社会生产力和综合国力的战略支撑。党的十九大强调创新是引领发展的第一动力，是建设现代化经济体系的战略支撑。当前，全球科技创新速度明显加快，并以前所未有的广度和深度改变产业发展模式，催生新的产业形态，塑造现代产业体系，发达国家和地区普遍积极抢抓技术革命和产业变革先机，布局“新工业革命”。我国建设现代化经济体系，要积极顺应和牢牢把握新科技革命和全球产业变革的大趋势，进一步创新体制机制，推动以科技创新为核心的全面创新，坚持需求导向和产业化方向，坚持企业在创新中的主体地位，发挥市场在资源配置中的决定性作用和社会主义制度优势，增强科技进步对经济增长的贡献度，形成新的增长动力源泉，以科技创新引领现代化产业体系建设。

2. 拥有高端引领、协同发展的产业体系

产业体系是经济体系生产环节中的重要内容。现代化产业体系应该是由处于全球价值链中高端、高附加值、技术和知识密集型的产业组成，具备国际市场竞争力，代表着未来产业升级和消费结构转变的方向。虽然目前我国已经建立了比较完备的产业体系，但产业体系中的人力资源、资本和技术要素有机组合的质量效益都亟待提高，人才和资本脱实向虚的趋势还没有根本逆转，技术创新和科技成果转化为生产力的周期过长、转化率还不高。解决这些问题，需要加快建设现代化产业体系，需要将实体经济作为经济建设和产业协同发展的主体，以科技创新带动产业升级，通过金融体系源源不断地为现代化经济体系供血，不断提升人力资源的素质，充分提高劳动、资本、技术三要素协同投入的质量和效率，努力实现实体经济、科技创新、现代金融、人力资源协同发展，使科技创新在实体经济发展中的贡献份额不断提高，现代金融服务实体经济的能力不断增强，人力资源支撑实体经济发展的作用不断优化。

3. 具有高效配置资源的、成熟的市场经济体制

现代化经济体系是以完善的市场经济体制为基础的。对于一个国家而言，没有高度的市场化水平和成熟的市场经济体制，也就没有真正意义上的经济现代化。完善的现代产权制度和有效的生产要素市场配置机制是成熟市场经济体制的基本条件和必然要求。我国已初步建立了社会主义市场经济体制，但是还存在不完善、不成熟的地方。一方面表现在产

权制度还有待于进一步完善，另一方面表现在有效的要素市场化配置机制尚未形成。解决这些问题，必须加快建设统一开放、竞争有序的市场体系，使市场在资源配置中起决定性作用。完善市场经济体制的重点是完善产权制度和要素市场化配置，必须要形成各种所有制经济公平参与市场竞争，使其产权同等受到法律保护并接受监督管理的基本产权管理格局；必须要形成市场化的要素价格形成机制，拥有完善的市场准入和退出机制，打破行业垄断和地区封锁，实现商品和各种要素的自由流动和充分竞争。

4. 建成资源节约、环境友好的绿色发展体系

党的十八大把生态文明建设纳入"五位一体"总体布局，提出建设美丽中国的目标，并分别部署生态文明体制改革、生态文明法律制度、绿色发展的目标任务。在新时代推动高质量发展，重点是遵循自然规律的可持续发展。这意味着，现代化经济体系必须是资源节约、环境友好的绿色发展体系，发展不仅要讲速度讲效益，要告别粗放型经济，走与自然和谐共处之路，更要在发展与保护、局部与整体、当前和长远之间，找到最佳平衡点。必须坚决摒弃损害甚至破坏生态环境的发展模式和做法，形成绿色发展方式和生活方式。要牢固树立绿色发展理念，坚持节约优先、保护优先、自然恢复为主的方针，形成节约资源和保护环境的空间格局、产业结构、生产方式、生活方式，还自然以宁静、和谐、美丽，努力实现绿色循环低碳发展、人与自然和谐共生，牢固树立和践行绿水青山就是金山银山理念，形成人与自然和谐发展现代化建设新格局。

5. 形成更高层次的全面开放体系

中国现代化经济体系的构建显然不可能是封闭的经济体系，本质上一定是开放的经济体系。党的十九大报告强调指出，“只有改革开放才能发展中国、发展社会主义、发展马克思主义”，实际上就是再次重申了开放发展对于带动中国经济发展的重要意义和作用。经过40年的开放发展，中国的对外贸易、引进外资、对外投资、外汇储备等各项指标都稳居世界前列，中国在成功地成为开放型经济大国的同时，也由此成功地成为世界第二大经济体。开放型经济发展发挥了“牛鼻子”的重要作用。以开放促改革、促发展，已经成为宝贵的“中国经验”。建设现代化经济体系，要牢牢把握中国经济与世界经济深度融合的趋势，贯彻落实开放发展理念，统筹国际国内两个大局，主动适应国际形势新变化，准确把握国内改革发展新要求，以“一带一路”建设为重点，坚持“引进来”和“走出去”并重，遵循共商共建共享原则，奉行互利共赢的开放战略，加快培育国际经济合作和竞争新优势，提高现代化经济体系的国际竞争力，努力发展更高层次开放型经济，推动开放朝着优化结构、拓展深度、提高效益方向转变。

（四）建设现代化经济体系的重点任务

党的十九大报告提出了建设现代化经济体系的六大重点任务：

1. 深化供给侧结构性改革

建设现代化经济体系，必须把发展经济的着力点放在实体经济上，把提高供给体系质量作为主攻方向，显著增强我国经济质量优势。加快建设制造强国，加快发展先进制造业，推动互联网、大数据、人工智能和实体经济深度融合，在中高端消费、创新引领、绿色低碳、共享经济、现代供应链、人力资本服务等领域培育新增长点，形成新动能。支持传统产业优化升级，加快发展现代服务业，瞄准国际标准提高水平。促进我国产业迈向全球价值链中高端，培育若干世界级先进制造业集群。加强水利、铁路、公路、水运、航空、管道、电网、信息、物流等基础设施网络建设。坚持去产能、去库存、去杠杆、降成本、补短板，优化存量资源配置，扩大优质增量供给，实现供需动态平衡。激发和保护企业家精神，鼓励更多社会主体投身创新创业。建设知识型、技能型、创新型劳动者大军，弘扬劳模精神和工匠精神，营造劳动光荣的社会风尚和精益求精的敬业风气。

2. 加快建设创新型国家

创新是引领发展的第一动力，是建设现代化经济体系的战略支撑。要瞄准世界科技前沿，强化基础研究，实现前瞻性基础研究、引领性原创成果重大突破。加强应用基础研究，拓展实施国家重大科技项目，突出关键共性技术、前沿引领技术、现代工程技术、颠覆性技术创新，为建设科技强国、质量强国、航天强国、网络强国、交通强国、数字中国、智慧社会提供有力支撑。加强国家创新体系建设，强化战略科技力量。深化科技体制改革，建立以企业为主体、市场为导向、产学研深度融合的技术创新体系，加强对中小企业创新的支持，促进科技成果转化。倡导创新文化，强化知识产权创造、保护、运用。培养造就一大批具有国际水平的战略科技人才、科技领军人才、青年科技人才和高水平创新团队。

3. 实施乡村振兴战略

农业农村农民问题是关系国计民生的根本性问题，必须始终把解决好“三农”问题作为全党工作重中之重。要坚持农业农村优先发展，按照产业兴旺、生态宜居、乡风文明、治理有效、生活富裕的总要求，建立健全城乡融合发展体制机制和政策体系，加快推进农业农村现代化。巩固和完善农村基本经营制度，深化农村土地制度改革，完善承包地“三权”分置制度。保持土地承包关系稳定并长久不变，第二轮土地承包到期后再延长三十年。深化农村集体产权制度改革，保障农民财产权益，壮大集体经济。确保国家粮食安全，把中国人的饭碗牢牢端在自己手中。构建现代农业产业体系、生产体系、经营体系，完善农业支持保护制度，发展多种形式适度规模经营，培育新型农业经营主体，健全农业社会化服务体系，实现小农户和现代农业发展有机衔接。促进农村一二三产业融合发展，支持和鼓励农民就业创业，拓宽增收渠道。加强农村基层基础工作，健全自治、法治、德治相结合的乡村治理体系。培养造就一支懂农业、爱农村、爱农民的“三农”工作队伍。

4. 实施区域协调发展战略

加大力度支持革命老区、民族地区、边疆地区、贫困地区的快速发展，强化举措推进西部大开发形成新格局，深化改革加快东北等老工业基地振兴，发挥优势推动中部地区崛起，创新引领率先实现东部地区优化发展，建立更加有效的区域协调发展新机制。以城市群为主体构建大中小城市和小城镇协调发展的城镇格局，加快农业转移人口市民化。以疏解北京非首都功能为“牛鼻子”推动京津冀协同发展，高起点规划、高标准建设雄安新区。以共抓大保护、不搞大开发为导向推动长江经济带发展。支持资源型地区经济转型发展。加快边疆发展，确保边疆巩固、边境安全。坚持陆海统筹，加快建设海洋强国。

5. 加快完善社会主义市场经济体制

经济体制改革必须以完善产权制度和要素市场化配置为重点，实现产权有效激励、要素自由流动、价格反应灵活、竞争公平有序、企业优胜劣汰。要完善各类国有资产管理体制，改革国有资本授权经营体制，加快国有经济布局优化、结构调整、战略性重组，促进国有资产保值增值，推动国有资本做强做优做大，有效防止国有资产流失。深化国有企业改革，发展混合所有制经济，培育具有全球竞争力的世界一流企业。全面实施市场准入负面清单制度，清理废除妨碍统一市场和公平竞争的各种规定和做法，支持民营企业发展，激发各类市场主体活力。深化商事制度改革，打破行政性垄断，防止市场垄断，加快要素价格市场化改革，放宽服务业准入限制，完善市场监管体制。

创新和完善宏观调控，发挥国家发展规划的战略导向作用，健全财政、货币、产业、区域等经济政策协调机制。完善促进消费的体制机制，增强消费对经济发展的基础性作用。深化投融资体制改革，发挥投资对优化供给结构的关键性作用。加快建立现代财政制度，建立权责清晰、财力协调、区域均衡的中央和地方财政关系。建立全面规范透明、标准科学、约束有力的预算制度，全面实施绩效管理。深化税收制度改革，健全地方税体系。深化金融体制改革，增强金融服务实体经济能力，提高直接融资比重，促进多层次资本市场健康发展。健全货币政策和宏观审慎政策双支柱调控框架，深化利率和汇率市场化改革。健全金融监管体系，守住不发生系统性金融风险的底线。

6. 推动形成全面开放新格局

开放带来进步，封闭必然落后。中国开放的大门不会关闭，只会越开越大。要以“一带一路”建设为重点，坚持“引进来”和“走出去”并重，遵循共商共建共享原则，加强创新能力开放合作，形成陆海内外联动、东西双向互济的开放格局。拓展对外贸易，培育贸易新业态新模式，推进贸易强国建设。实行高水平的贸易和投资自由化便利化政策，全面实行准入前国民待遇加负面清单管理制度，大幅度放宽市场准入，扩大服务业对外开放，保护外商投资合法权益。凡是在我国境内注册的企业，都要一视同仁、平等对待。优化区域开放布局，加大西部开放力度。赋予自由贸易试验区更大改革自主权，探索建设自由贸易港。创新对外投资方式，促进国际产能合作，形成面向全球的贸易、投融资、生产、服务网络，加快培育国际经济合作和竞争新优势。

（五）以构建现代产业体系为重点，加快建设现代化经济体系

党的十九大提出，要着力加快建设实体经济、科技创新、现代金融、人力资源协同发展的产业体系。这是中国特色社会主义进入新时代，着眼于建设现代化经济体系这个战略目标而提出的一项重要战略性举措。现代化产业体系是现代化经济体系的主要内涵和战略重点之一。能否顺利建成现代化经济体系，直接取决于能否顺利建成实体经济、科技创新、现代金融、人力资源协同发展的现代化产业体系。

党的十九大报告关于现代化产业体系的新论述，强调了创新是引领发展的第一动力，要提高科技创新在实体经济发展中的贡献份额；现代金融是现代经济的血液，要增强现代金融服务实体经济的能力；人力资源是经济增长的第一资源，要优化人力资源支撑实体经济发展的作用。建设现代化产业体系就是要通过深化供给侧结构性改革和政策创新，推动科技、人才、资金等要素有效组合并向实体经济汇聚，形成振兴实体经济的共振合力。加快建设现代化产业体系，就要按照党的十九大精神的要求，坚持问题导向，以供给侧结构性改革为主线，以完善产权保护制度和要素市场化配置为重点，推动科技、人才、资金等要素向实体经济汇聚，打造战略性

新兴支柱产业，推进优势传统产业转型升级，形成振兴实体经济的强大动力。

1. 坚持振兴实体经济，夯实现代化产业体系的基础

习近平总书记指出，不论经济发展到什么时候，实体经济都是我国经济发展和我们在国际经济竞争中赢得主动的根基。党的十九大报告再次强调，建设现代化经济体系，必须把发展经济的着力点放在实体经济上。要把握我国正处于工业化中后期和转型升级重要窗口期的阶段性特征，着力推进深化供给侧结构性改革，向振兴实体经济发力、聚力，缓解当前实体经济面临的结构性失衡问题。推动产业优化升级，促进产业迈向全球价值链中高端；加快改造提升传统产业，深入推进信息化与工业化深度融合，着力培育战略性新兴产业，大力发展现代服务业，积极培育新业态和新商业模式；鼓励更多社会主体投身创新创业，培育更多经济新增长点，加快形成经济发展新动能；坚持“三去一降一补”，优化存量资源配置，扩大优质增量供给，实现供需动态平衡。

2. 坚持创新驱动发展，以科技创新引领现代化产业体系建设

习近平总书记多次强调，创新是引领发展的第一动力，要以重大科技创新为引领，加快科技创新成果向现实生产力转化，加快构建产业新体系。科技创新是产业发展的主引擎，更是构建现代化产业体系的重要驱动力。经过长期努力，我国科技发展成就显著，一些重大科技成果进入世界先进行列，但科技创新能力与经济实力相比还不相称，存在自主创新能

力不强、科技资源分配不合理、科技创新激励机制不足、科技成果转化率低等问题。要更大力度、更加深入实施创新驱动发展战略，坚持科技创新面向经济发展主战场，围绕产业链部署创新链，把增强技术实力作为构建现代化产业体系的战略支撑，加强完善以企业为主体、市场为导向、产学研资中介相结合的技术创新体系。要瞄准世界科技前沿和国家战略需求，强化基础研究，实现前瞻性基础研究、引领性原创成果重大突破。加强应用基础研究，突出关键共性技术、前沿引领技术、现代工程技术、颠覆性技术创新，加大对战略高技术研发的支持力度，找准源头性技术创新领域，集中力量抢占制高点，为产业技术进步积累原创资源，为战略性新兴产业的涌现提前做好战略布局。

3. 坚持发展现代金融，增强金融服务实体经济能力

目前，我国金融总资产已达200多万亿元，总体实力明显增强。但还存在着供给约束和资金配置扭曲的问题，大量资金流向房地产或在金融系统内空转，产能过剩行业占有大量资金，新兴产业和中小微型企业资金需求得不到满足，致使实体经济转型升级得不到金融供给的有效支持。要坚持问题导向，把解决实体经济融资难融资贵问题作为深化金融改革的出发点和落脚点，回归金融服务实体经济本源特别是发挥金融对科技创新的支持。大力发展科技金融，应用互联网、大数据等新技术创新金融服务业态和方式，鼓励金融机构开发符合新产业新业态发展的信贷产品、保险产品，拓宽创新企业融资渠道，引导更多金融资源配置到战略性新兴产业和高技术产业，满足具有“轻资产”特征的知识和技术密集型

企业的融资需求，促进科技与金融协同发展。加快发展普惠金融，加大对小微企业、大学生创业就业等的金融支持。积极发展绿色金融，对企业节能减排、清洁生产、循环经济等项目提供绿色信贷，支持绿色发展。

4. 坚持优化人力资源结构，筑牢人力资源对产业发展的支撑

习近平总书记指出，“我国是一个人力资源大国，也是一个智力资源大国”，多次强调人才是支撑发展的第一资源，“没有人才优势，就不可能有创新优势、科技优势、产业优势”。我国当前的人才结构存在一些突出问题，如劳动力资源总量呈现下降趋势、人才供需结构性矛盾比较突出、科研人员队伍大而不强、高精尖人才相对缺乏、工程技术人才培养同生产和创新脱节等。必须以人力资源培育为支撑，为各行各业转型升级提供符合需要的高素质人力资源和各类实用型人才，以人力资本提升弥补劳动力资源总量下降的不足。要大力开发人力资源，实行更加积极、更加开放、更加有效的人才政策，培养和造就一大批具有国际水平的人才和高水平创新团队。要提高供给体系质量，激发和保护企业家精神，鼓励更多社会主体投身创新创业，建设知识型、技能型、创新型劳动者大军，弘扬劳模和工匠精神，营造劳动光荣的社会风尚和精益求精的敬业风气。

实体经济、科技创新、现代金融、人力资源是相互促进、相互依赖的一个整体，任何一方面出现短板，都会拖其他领域发展的后腿，从而影响整个现代化产业体系建设的水平。只有把资金、人才、科技等要素组合起来，以质的适应性、量的均衡性、时间的有序性、空间的聚合性和配合的协调性投入到实体经济中去，促进现代化产业体系建设，推动建设现代化经济体系，才能实现经济创新发展和转型升级。总体而言，我国在实体经济、科技创新、现代金融、人力资源等方面已经形成一定的基础和竞争优势，要素保障能力明显增强。但科技、人才、金融等要素还没有形成有效组合、向实体经济聚力发力的协调发展格局。

广东建设现代化经济体系的基础与优势

（一）广东现代化经济体系基础

1. 经济总量接近九万亿，“三二一”结构持续优化

2017 年，广东实现生产总值8.99 万亿元，比2016 年同期增长7.5%，增长速度高于全国0.6 个百分点。2012 年至2017 年，广东地区生产总值从 5.8 万亿元增加到了 8.99 万亿元，年均增长 7.9%；地方一般公共预算收入从 6229 亿元增加到1.13 万亿元，成为全国首个超万亿元省份。

链接

产业结构

产业结构是指各产业的构成及各产业之间的联系和比例关系。在经济发展过程中，由于分工越来越细，因而产生了越来越多的生产部门。这些不同的生产部门，受到各种因素的影响和制约，会在增长速度、就业人数、在经济总量中的比重、对经济增长的推动作用等方面表现出很大的差异。因此，在一个经济实体当中（一般以国家和地区为单位），在每个具体的经济发展阶段、发展时点上，组成国民经济的产业部门是大不一样的。各产业部门的构成及相互之间的联系、比例关系不尽相同，对经济增长的贡献大小也不同。因此，

把包括产业的构成、各产业之间的相互关系在内的结构特征概括为产业结构。

经济结构持续优化。2017 年，广东第一、二、三产业增加值分别为 3792.40 亿元、38598.55 亿元和 47488.28 亿元，同比分别增长 3.5%、6.7% 和 8.6%，一二三产业比重调整为 4.20：43.00：52.80，第三产业对 GDP 增长贡献率超过 50%，现代服务业增加值占服务业比重达 62.6%，呈现服务业主导经济增长的格局。先进制造业增加值占规模以上工业比重达 53.2%，民营经济增加值占生产总值比重达 53.8%。主营业务收入超百亿、千亿元的企业分别达 260 家、25 家，进入世界 500 强的企业从 2012 年的 4 家增加到 11 家，上市公司总市值达 14 万亿元。

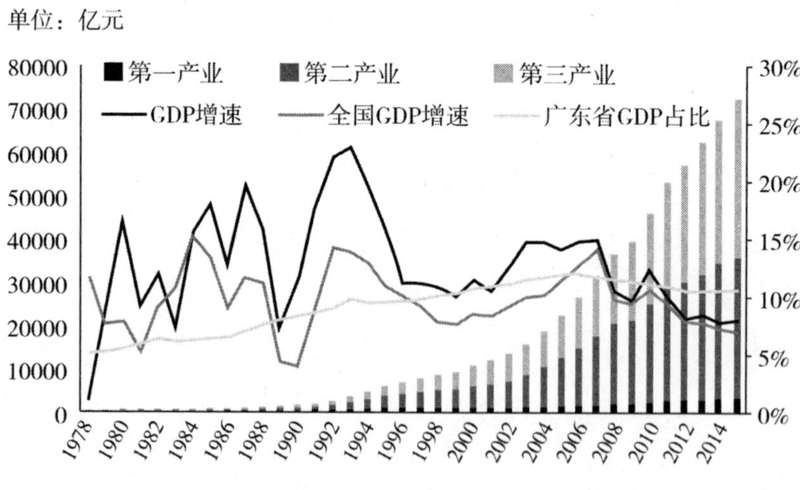

图 2－1　1978—2015 年广东 GDP 构成与增速

2. 产业高端化重型化特征明显

2012年以来，广东大力推进战略性新兴产业发展，电子、装备制造、石化等产业布局更趋成熟和合理，技术层次进一步提升。先进制造业和高技术制造业保持高于整体工业的增速。广东先进制造业增加值占规模以上工业的比重从2012年的47.9%提高到2016年的49.3%，高技术制造业增加值占规模以上工业的比重从2012年的23.3%提高到2016年的27.6%。

链接

先进制造业

先进制造业是相对于传统制造业而言，指制造业不断吸收电子信息、计算机、机械、材料和现代管理技术等方面的高新技术成果，并将这些先进制造技术综合应用于制造业产品的研发设计、生产制造、在线检测、营销服务和管理的全过程，实现优质、高效、低耗、清洁、灵活生产，即实现信息化、自动化、智能化、柔性化、生态化生产，取得很好的经济收益和市场效果的制造业总称。

汽车装备制造、钢铁冶炼及加工、石油及化学工业等先进制造业增加值从2010年的9551亿元增长至2015年的14102亿元，占规模以上工业的比重约47.0%。高技术制造业增加值在金融危机之后快速增长，从2008年的3664亿元增长至2015年的7084亿元，占规模以上工业的比重从20.4%提高到

2015 年的 24. 3% 。轿车、移动通信设备、微型计算机、集成电路等产品产量占全国比例在 10% 以上，广东一直是全国重要的装备制造和高新技术产业基地。

3. 实体经济持续向好，现代产业占比明显提升

一是农业生产稳中有升。2017 年，农、林和渔业分别拉动第一产业增加值增长 2. 7 个、0. 3 个和 0. 5 个百分点。全年粮食总产量增长 0. 4% ，实现连续四年增长。部分经济作物发展较快，中草药材播种面积增长 23. 8% 。水果产量同比增长 5. 6% 。畜牧业生产总体稳定，猪肉产量略降 0. 8% ，禽肉产量下降 0. 6% ，牛肉、羊肉产量分别增长 3. 0% 和 1. 5% 。渔业生产稳步增长，全省水产品产量同比增长 1. 5% 。

二是工业生产形势向好。2017 年，广东规模以上工业企业累计完成增加值 33071. 99 亿元，同比增长 7. 2% 。增幅比上年提高 0. 5 个百分点。工业生产明显回暖，2017 年全年工业用电量增幅同比提高 1. 4 个百分点；国税中的工业增值税增幅同比提高 15 个百分点。工业生产加快的同时，行业增长面也在扩大，2017 年全省规模以上工业生产的 40 个大类行业中，有 32 个行业的增加值实现增长，增长面为 80. 0% ，其中有 25 个行业的增加值增速高于 2016 年。三大支柱产业起到龙头带动作用，计算机、通信和其他电子设备制造业增加值同比增长 12. 6% 、电气机械和器材制造业增长 10. 1% 、汽车制造业增长 11. 7% ，分别拉动规模以上工业增加值增长 3. 0 个、0. 8 个和 0. 6 个百分点，三大行业增加值对全省规模以上工业增长的贡献率合计达 62. 6% 。其中，计算机、通信和其他电子制造业在华为、VIVO 和 OPPO 三大手机生产较快的带动下，

对全省规模以上工业增加值增长的贡献率达42.1%。

三是服务业保持平稳较快的增长态势。与工业生产密切相关的生产性服务业正在加快发展，2017年广东生产性服务业增加值增长8.8%。全省规模以上生产性服务业实现营业收入同比增长17.8%，增幅同比提高4.1个百分点。与生产活动密切相关的各类货物运输增长加快，全年交通运输、仓储和邮政业完成增加值同比增长9.2%；道路和水上货物运输业实现营业收入分别增长26.8%、36.2%；电信和邮政业的业务总量大幅增长81.0%和33.9%。全年其他服务业完成增加值同比增长12.1%，其中营利性服务业完成增加值增长18.1%。为生产活动提供商务服务活动的行业发展迅猛，知识产权服务业和人力资源服务业的营业收入分别增长55.4%、34.1%；技术含量相对较高的互联网和相关服务业营业收入增长49.8%，软件和信息服务业增长26.2%。

链接

现代服务业的特性和决定因素

总体上讲，现代服务业的发展取决于经济发展总量和经济发展阶段。主要取决于以下几方面的因素：

一是市场化。现代生产者服务的外部化进程与专业化发展取决于市场需求的强度和实际容量。政府加快放松管制的市场化改革，也能促使现代服务业迅猛发展。

二是物质化。如果不能物化，知识就无法变成现实的生产力和财富。知识的物化必须通过机器设备、数据存储介质等硬件来实现。现代复杂的机器设备一方面包含了人类积累的丰富知识，另一方面又通过生产更高级的机器来实现人类知识的叠加和放大。由于知识的生产及物化在专业化分工体系中是由现代生产者服务部门承担的，所以，向商品生产部门源源不断地投入各种形式的知识资本和人力资本，就成为这个部门的基本职能。

三是专业化。专业化生产者服务具有报酬递增的规模经济性，同时还有利于实现专业化分工效应。与垂直一体化的内部生产相比，专业化生产的成本更低、效率更高，也更具有竞争优势。现代生产者服务业发展中的“外包”，就是基于竞争压力和充分运用比较优势作出的理性选择。战后大多数发达国家通过不断完善市场规则、降低交易费用，促进了生产者服务的专业化发展。而我国目前由于市场信用差、交易费用高，缺乏分工协作等现代意识，许多生产者服务都是由企业内部自行提供的。

四是标准化。只有实现服务技术和产出的标准化，服务企业才会更容易实现复制式扩展，取得规模经济效应，实现从依赖个人经验的作坊式生产向社会化大规模生产的转变。例如，麦当劳做成了标准的大规模连锁企业，而很多美誉度、知名度极高的中餐却因未能标准化而只能长期维持单体店规模。这个对比案例是很有说服力的。

五是迂回化。在现代经济发展过程中，生产过程的迂回化特征和智力资本在其中的巨大作用表现得越来越明显。举例来说，相对于用简单工具建设道路而言，通过使用高级机械和测量设备来建设高速公路，就是迂回化生产。生产过程越是迂回化，产业链就越长，附加值就越高；知识资本和人力资本投入越大，作为中间投入的生产者服务也就越重要。

而生产者服务正是把智力资本引入商品生产部门的通道和飞轮。

六是信息化。信息产业发展本身就代表着现代服务业的发展。现代信息技术的广泛运用及其对传统产业的改造，正是走新型工业化道路的要求。因为信息化既可以创造对服务业的巨大市场需求，又可以显著提升制造业和服务业的技术水平，改变现代产业竞争的基础。

（资料来源：《人民日报》2005 年 12 月 9 日）

四是产业占比明显提升。2017 年，广东省规模以上先进制造业（新口径）累计完成增加值 17597.00 亿元，同比增长 10.3%，增幅比全省规模以上工业平均水平高 3.1 个百分点，占全省规模以上工业增加值的比重为 53.2%，比 2016 年提高 1.6 个百分点；装备制造业累计完成增加值 13817.11 亿元，增长 11.8%，增幅比全省规模以上工业平均水平高 4.6 个百分点，占全省规模以上工业比重为 41.8%，比 2016 年提高 1.6 个百分点；高技术制造业累计完成增加值 9516.92 亿元，增长 13.2%，增幅比全省规模以上工业平均水平高 6.0 个百分点，占全省规模以上工业的比重为 28.8%，比 2016 年提高 1.2 个百分点。先进制造业和高技术制造业分别拉动全省规模以上工业增加值增长 5.3 个和 3.7 个百分点，比 2016 年分别提高 0.1 个和 0.7 个百分点。

4. 实现发展动能转换，进出口依存度逐步下降

一是工业投资较快，房地产投资稳定。2017 年，广东完成固定资产投资 37477.96 亿元，同比增长 13.5%。基础设施

投资 9168.79 亿元，同比增长 24.3%，是 2010 年以来年度最高增速；其中，道路运输业增长 29.1%，生态保护和环境治理业增长 26.4%。中高端工业投资增长快速，2017 年工业投资 12110.44 亿元，同比增长 9.6%；其中高技术产业投资增长 27.6%。对传统产业的改造力度持续加大，工业企业技改投资增速达到 26.7%。房地产开发投资和房地产市场保持基本稳定，完成开发投资 12075.69 亿元，同比增长 17.2%；商品房销售面积增长 9.2%。房地产分类指导，因地施策的效果较好，珠三角地区房地产开发投资（增长 14.3%）增幅同比回落 7.3 个百分点；东翼（30.4%）、西翼（45.2%）和山区（25.2%）增幅同比提高 1.5 个、32.8 个和 12.6 个百分点。

二是消费保持平稳，新兴消费业态保持良好发展势头。2017 年，广东实现社会消费品零售总额 38200.07 亿元，同比增长 10.0%，增幅比上年回落 0.2 个百分点。消费升级类商品增长较快，通信器材类、金银珠宝类、建筑及装潢材料类商品零售额分别增长 19.3%、15.3% 和 15.2%。新兴消费业态保持良好发展势头，全省限额以上单位无店铺零售业态零售额增长 19.3%；其中，网上商店零售额增长 18.6%，无店铺业态零售额和网上商店零售额分别比全省限额以上社会消费品零售额增幅高 10.6 个和 9.9 个百分点。“互联网 + 支付”迅速普及，通过公共网络实现的餐费收入增长 43.6%。

三是进出口总额同比增速回升。2017 年，全省进出口总额 68155.9 亿元，同比增长 8.0%，增幅同比提高 8.8 个百分点。其中，出口额 42186.8 亿元，同比增长 6.7%；进口额 25969.1 亿元，同比增长 10.1%。对“一带一路”国家进出口增长较快，累计进出口增长 12.4%。随着国内工业生产回暖，市场需求的扩大，十类大宗商品进口额387.29亿美元，同比增长15.6%，除天然气进口额下降15.4%外，其他商品均实现增长，其中铁矿石进口额增长34.6%。进出口新模式发展迅速，全年跨境电子商务进出口同比增长93.8%。

5. 创新驱动能力增强，绿色发展初显成效

2012年以来，广东大力推动产业自主创新，努力提高劳动者素质，推动产业发展动力逐步向创新动力转换，2017年，广东在区域创新综合能力的排名也升至全国第一。2017年，广东的国家级高新技术企业从6652家增加到30000家，跃居全国第一。有效发明专利量、PCT国际专利申请量及专利综合实力连续多年居全国首位，技术自给率和科技进步贡献率分别达72.5%和58%。这是广东深入实施创新驱动发展战略所取得成果的缩影，体现着创新驱动在近年来经济稳增长、保质量过程中的重要地位。

一是金融支持产业转型升级力度增强。金融资源和科技、产业结合是产业转型主要动力，广东省金融机构存贷比从2008年的60.29%提高到2017年的62.50%，总体上处于上升趋势。

二是R&D研究经费占比稳步攀升。广东不断增加创新资金投入，研发经费支出占GDP的比重不断提高，产业逐步从对外技术依赖型向技术自主型转变。广东R&D经费支出占GDP的比值呈现较快的增长速度，由2008年的1.33%上升到2016年的5.13%。

三是全员劳动生产率呈现稳步上升的趋势。广东省全员劳动生产率由2008年的11.79万元/人增长到2017年的24.20

万元/人，增长幅度达到105.26%。

6. 供给侧结构性改革不断深化，开放发展步伐加快

一是供给侧结构性改革深入推进，经济结构优化升级。2017年，广东“三去一降一补”成效明显。压减钢铁过剩产能，全面取缔“地条钢”产能，淘汰落后造纸产能，“僵尸企业”实现市场出清2394户。截至2017年12月末，规模以上工业企业产成品存货同比增长12.8%，增幅同比提高9.8个百分点。商品房库存水平持续下降，12月末商品房待售面积比上年末减少513.88万平方米。工业企业杠杆率不断降低。12月末，规模以上工业企业资产负债率为55.65%，同比下降0.5个百分点；2017年全年，规模以上工业企业每百元主营业务收入中的成本为84.09元，在购进价格指数较高的情况下，比上年仅提高0.03元。短板领域投资加快，城市建设投资同比增长28.1%，水利、环境和公共设施管理业投资增长25.3%，卫生和社会工作投资增长54.9%，分别快于全部投资14.6个、11.8个和41.4个百分点。

链接

供给侧结构性改革

· 概念：供给侧结构性改革，就是从提高供给质量出发，用改革的办法推进结构调整，矫正要素配置扭曲，扩大有效供给，提高供给结构对需求变化的适应性和灵活性，提高全要素生产率，更好地满足广大人民群众的需要，促进经济社会持续健康发展。

·中共中央总书记、国家主席、中央军委主席、中央财经领导小组组长习近平在2016年1月26日下午主持召开中央财经领导小组第十二次会议上强调，供给侧结构性改革的根本目的是提高社会生产力水平，落实好以人民为中心的发展思想。要在适度扩大总需求的同时，去产能、去库存、去杠杆、降成本、补短板，从生产领域加强优质供给，减少无效供给，扩大有效供给，提高供给结构适应性和灵活性，提高全要素生产率，使供给体系更好适应需求结构变化。

·供给侧改革与需求侧改革的差异：供给侧结构性改革旨在调整经济结构，使要素实现最优配置，提升经济增长的质量和数量。需求侧改革主要有投资、消费、出口三驾马车，供给侧则有劳动力、土地、资本、制度创造、创新等要素。

（内容由作者整理而得）

“十二五”时期淘汰落后产能成效

“十二五”时期，广东累计淘汰炼钢378.9万吨、水泥4026.5万吨、平板玻璃1781.5万重量箱、造纸176.14万吨、制革200万标张、印染52406万米。减量“规上”工业企业合计7566个（包括转出、关停和产能压减三种类型，不含省内跨县转移企业），累计减少工业增加值2158.04亿元，相当于五年“规上”工业增加值的1.81%，相当于全省五年GDP的0.9%。其中，转出、关停和产能压减而减少的工业增加值分别为214.23亿元、1358.66亿元和585.16亿元，分别相当于全省五年“规上”工业增加值的0.18%、1.14%和0.49%，相当于全省五年GDP的0.09%、0.56%和0.24%。

（资料来源：广东统计信息网2016年10月8日）

二是“走出去”战略加快实施，助推开放步伐加快。对外投资进入加速发展阶段，2015年，广东对外实际投资超过100亿美元，2011—2015年年均增长50.8%。2015年，对外承包工程业务完成营业额198.8亿美元，比2010年增长142.2%，2011—2015年年均增长19.4%。自贸区建设取得重要突破，2015年广东自由贸易试验区正式挂牌成立，包括广州南沙新区、深圳前海蛇口和珠海横琴新区三大片区。更加积极有为地参与丝绸之路经济带和21世纪海上丝绸之路合作建设，参与境外产能和装备制造合作，推动国际物流大通道建设，加强与沿线国家的经贸合作。

链接

“一带一路”倡议

“一带一路”倡议是指“丝绸之路经济带”和“21世纪海上丝绸之路”的简称。它不是一个实体和机制，而是合作发展的理念和倡议，将充分依靠中国与有关国家既有的双多边机制，借助既有的、行之有效的区域合作平台。“一带一路”倡议贯穿欧亚大陆，东边连接亚太经济圈，西边进入欧洲经济圈。无论是发展经济、改善民生，还是应对危机、加快调整，许多沿线国家同我国有着共同利益。历史上，陆上丝绸之路和海上丝绸之路就是我国同中亚、东南亚、南亚、西亚、东非、欧洲经贸和文化交流的大通道，“一带一路”倡议是对古丝绸之路的传承和提升，获得了广泛认同。

7. 区域协调度有所提高，乡村振兴战略有序推进

一是推出了一系列的区域协调政策。“十二五”以来，广东实施“三大抓手”，推进珠三角和粤东西北地区产业共建、对口帮扶等制度建设，加快粤东西北地区发展，省内各区域板块均保持较好发展态势。珠三角地区是我国改革开放的先行地区。近年来，以珠三角规划纲要为契机，珠三角地区“四年大发展”圆满收官、“九年大跨越”进入攻坚之年，随着粤港澳大湾区战略的提出与规划，珠三角再一次站在全国举世瞩目的地位，将努力建成粤港澳大湾区世界级城市群，为广东实现“四个走在全国前列”作出更大贡献。2016 年，珠三角实现地区生产总值 6.78 万亿元，与其他省市区比较，总量居全国第 2 位；人均 GDP 达 11.43 万元，高于长三角 16 市平均水平（11.12 万元）；其中，广州、深圳、珠海、佛山等 4 市人均 GDP 均超过 10 万元。

党的十八大以来，粤东西北地区交通条件发生根本性改变，产业共建成效初显，一批优质项目落地。粤东西北地级市中心城区扩容提质扎实推进，城市发展新格局初步形成。珠三角地区对口帮扶粤东西北地区工作机制逐步完善，形成全面对接、共同发展的良好态势。2016 年粤东西北地区经济总量达 1.78 万元，比 2010 年增长 70.8%，年均增长 9.3%；人均 GDP 达 35516 元，比 2010 年增长 64.2%，年均增长 8.6%；全体常住居民人均可支配收入 18365 元，比 2015 年增长 9.0%。

链 接

广东省内四大次区域简介

· 珠三角地区：珠三角地区面积54763平方公里，常住人口5874.27万，地区生产总值62267.78亿元。包含广州、深圳、珠海、佛山、惠州、东莞、中山、江门、肇庆九个地级市。

· 粤东地区：面积15475平方公里，常住人口1727.31万，地区生产总值5430.21亿元。包含汕头、汕尾、潮州、揭阳四个地级市，四市地缘相近相通，自然资源丰富，海洋产业、侨乡侨资等具有得天独厚的优势，经济发展速度保持较快水平。

· 粤西地区：面积32646平方公里，常住人口1583.35万，地区生产总值6075.66亿元。包括阳江、湛江、茂名三个地级市，近年来，西翼三市充分发挥东接珠三角、西临环北部湾经济区的区位优势，积极推动与环北部湾经济区和大西南地区的对接和合作，主动融入珠三角。

· 粤北地区：面积76751平方公里，常住人口1664.07万，地区生产总值4910.84亿元。粤北山区包括河源、梅州、韶关、清远、云浮五个地级市，土地、林业、矿产和旅游资源丰富，生态环境得天独厚，土地、劳动力、水、电等要素相对充裕，发展成本相对较低，后发优势逐渐凸显。

二是稳步推进乡村振兴战略。党的十八大以来，广东农民收入增长持续快于城镇居民，农村成为促进协调发展的重要领域；农村人居环境持续改善，美丽乡村建设逐步深入，农村电商、休闲农业和乡村旅游等保持高增长，农村新产业新业态成为农村经济和农民增收的新增长点；45 项国家农村改革试点落户，广东成为全国深化农村改革的重要试验地。“三农”工作在广东省改革发展稳定大局的“压舱石”地位越来越明显，为全面推进乡村振兴奠定了坚实基础。

表 2－1　2008 年以来中央一号文件及政策要点

年份	文件名称	政策要点
2008	《关于切实加强农业基础建设进一步促进农业发展农民增收的若干意见》	指出按统筹城乡发展要求加大“三农”投入力度，强化农业基础，完善农村基础设施建设。
2009	《关于 2009 年促进农业稳定发展农民持续增收的若干意见》	要求围绕稳粮、增收、强基础、重民生，千方百计保证国家粮食安全和主要农产品有效供给，千方百计促进农民收入持续增长；“粮食安全”和“农民增收”成为首要任务。
2010	《关于加大统筹城乡发展力度　进一步夯实农业农村发展基础的若干意见》	推动资源要素向农村配置。
2011	《关于加快水利改革发展的决定》	明确了新形势下水利的战略定位，制定和出台了一系列针对性强、覆盖面广、含金量高的加快水利改革发展的新政策、新举措，力争通过 5 年到 10 年努力，扭转水利建设明显滞后的局面。
2012	《关于加快推进农业科技创新持续增强农产品供给保障能力的若干意见》	提出持续加大财政用于“三农”的支出，改善农业科技创新条件，着力抓好种业科技创新，加快农业机械化。

（续表）

年份	文件名称	政策要点
2013	《关于加快发展现代农业进一步增强农村发展活力的若干意见》	提出加快农村经营体制改革，激发农村经济活力。主要包括加快建设现代农业，深化农村经营体制改革，推进城乡公共服务建设。
2014	《关于全面深化农村改革加快推进农业现代化的若干意见》	聚焦“农村改革”，旨在贯彻落实党的十八届三中全会精神，破除农业农村体制机制弊端，推进“四化”同步发展。
2015	《关于加大改革创新力度加快农业现代化建设的若干意见》	旨在靠改革添动力，以法治作保障，在经济增速放缓背景下继续强化农业基础地位，促进农民持续增收。
2016	《关于落实发展新理念加快农业现代化实现全面小康目标的若干意见》	继续聚焦“农业现代化”，旨在用发展新理念破解“三农”新难题，加快补齐农业农村短板。
2017	《关于深入推进农业供给侧结构性改革加快培育农业农村发展新动能的若干意见》	聚焦“农业供给侧结构性改革”，旨在从供给侧入手、在体制机制创新上发力，从根本上解决当前最突出的农业结构性、体制性矛盾。
2018	《关于实施乡村振兴战略的意见》	提升农业发展质量、推进乡村绿色发展、繁荣兴盛农村文化、构建乡村治理新体系、提高农村民生保障水平、打好精准脱贫攻坚战、强化乡村振兴制度性供给、强化乡村振兴人才支撑、强化乡村振兴投入保障、坚持和完善党对“三农”工作的领导等方面进行安排部署。

（内容经作者整理而得）

（二）广东在全国具有突出的比较优势

1. 经济总量连续29年领先全国，与先进省市优势持续扩大

2017年以来，广东大部分主要指标增速高于或与全国平均水平持平。2017年，与全国平均增速相比，广东地区生产总值同比增速继续保持高于全国平均水平，广东增速比全国高0.6个百分点。其他主要指标增速也大部分高于全国平均增速，规模以上工业增加值、固定资产投资、金融机构贷款增速分别比全国高0.6个、6.3个和1.5个百分点。

广东经济总量与江苏、山东、浙江、河南的差距从2013

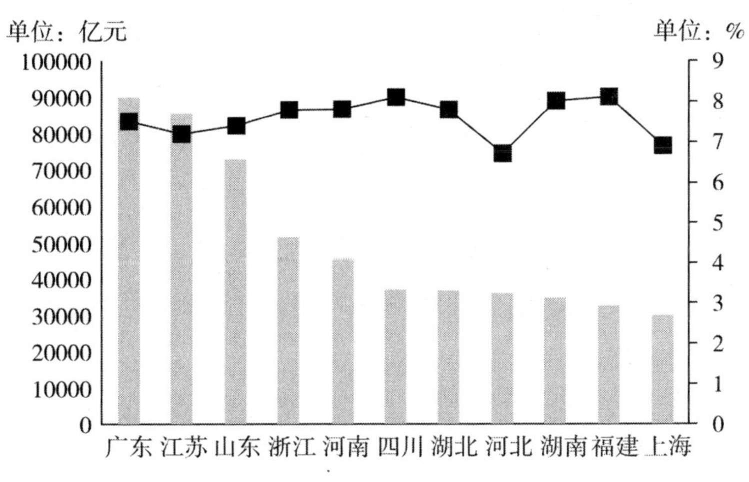

图2－2　2017年中国GDP超3万亿省市及增速

年的3000亿元、7400亿元、24600亿元、30000亿元左右扩展到2017年的4000亿元、17200亿元、38000亿元、45000亿元左右。从增速看，广东与上年持平，浙江提高0.3个百分点，江苏和山东则分别回落0.6个和0.2个百分点。其他指标中，广东的固定资产投资额和中外资金融机构本外币贷款余额增速最高；地方一般公共预算收入增速高于江苏和山东，低于浙江；规模以上工业增加值和社会消费品零售总额则均高于山东，低于江苏和浙江；进出口总额增速则靠后。

随着经济的持续较快发展，广东人均地区生产总值稳步提升。党的十八大以来，广东人均GDP从2012年的5.42万元增加到2016年的7.28万元，年均增长7%，突破1万美元大关，是全国的1.3倍。按照世界银行制定的国家与地区收入水平划分标准，广东已达到中等偏上、接近高收入国家或地区的水平。

2. 结构优化，促进全国经济结构优化

从国内比较看，在服务业结构、投资结构等方面，广东的产业转型升级结构优化的现状在国内发达省市中处于中等偏上水平，展望未来广东服务业发展的潜力和空间依然巨大。随着珠三角规划纲要、粤港澳大湾区、自贸区等政策实施力度不断加大，居民消费结构升级加快，城镇化、农村现代化不断推进，服务业在全省经济发展中的主导作用将会进一步增强。对比沿海发达省份（不计直辖市），广东服务业处于领先位置。

表 2－2 2016 年广东与沿海先进省市结构比较

核心指标	广东	全国	北京	天津	上海	江苏	浙江
第三产业增加值占 GDP 比重（%）	52.60	51.60	80.20	56.40	69.80	50.50	51.00
私营企业投资占固定资产投资比重（%）	22.92	30.87	4.67	28.68	15.58	46.95	29.99

数据来源：根据《中国统计年鉴 2017》及各省市的统计年鉴相关数据测算而得。

从服务业结构来看，2016 年广东第三产业增加值占 GDP 的比重为 52.6%，略高于江苏和浙江，与天津相差 3.8 个百分点。而与北京、上海等经济发达、服务业占主导地位明显的城市相比，广东还存在一定差距。同时，广东的中心城市深圳、广州与北京、上海相比，服务业还有较大差距，并没有体现出特大城市应有的水平。从投资结构来看，广东私营企业投资占固定资产投资的比重达 22.92%，低于全国水平。广东与传统民营经济发达强省江苏相比，差距较大，但高于北京和上海，与天津、浙江相比也有一定差距。

改革开放以来，广东进出口总额始终居全国第一位。2013 年进出口总额首次突破 1 万亿美元的大关。2015 年进出口总额 63559.67 亿元（10229.52 亿美元），其中出口 39983.07 亿元（6435.62 亿美元），进口 23576.60 亿元（3793.90 亿美元）。进出口差额 16406.48 亿元（2641.72 亿美元）。在 1993—2013 年间，广东外贸依存度（进出口依存度）始终维持在 100% 以上，除了低于上海、北京以外，远高于其余省份。近年来外贸增长趋于停滞，进口总额下降较为明显，进出口依存度呈现稳步下降态势。

3. 质量提升，制造业走向高质量化

广东工业总量效益连年攀升，规模以上工业总产值连上新台阶，从2000年的1.25万亿元跃升为2014年的11.97万亿元，其中，珠三角规模以上工业总产值持续增长，2014年是2000年的9.2倍。广东规模以上工业增加值持续增加，2014年规模以上工业增加值达28188.69亿元，是2000年的8.24倍，其中，珠三角为22583.3亿元，是2000年的8.3倍。

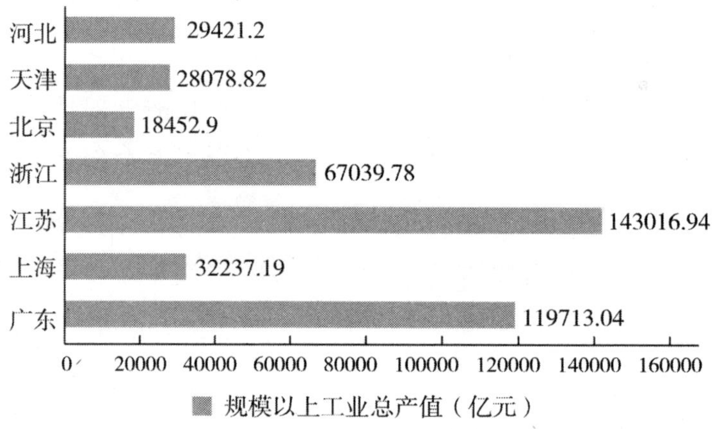

图2-3　2014年珠三角、长三角、京津冀主要省市规上工业总产值比较

数据来源：根据《2015中国统计年鉴》计算整理而得。

和全国水平对比来看，轻工业比重明显高于全国平均以及北京、上海、天津、江苏等发达省市水平，但各地区比值逐步接近。

20世纪90年代开始，全国范围内重工业趋势加强，重工业比重持续上升。广东以轻工业为主的制造业起步，2000年以后工业重型化趋势也有所增强。但相比较而言，广东轻重工业比重明显高于长三角地区的上海、江苏以及京津冀地区

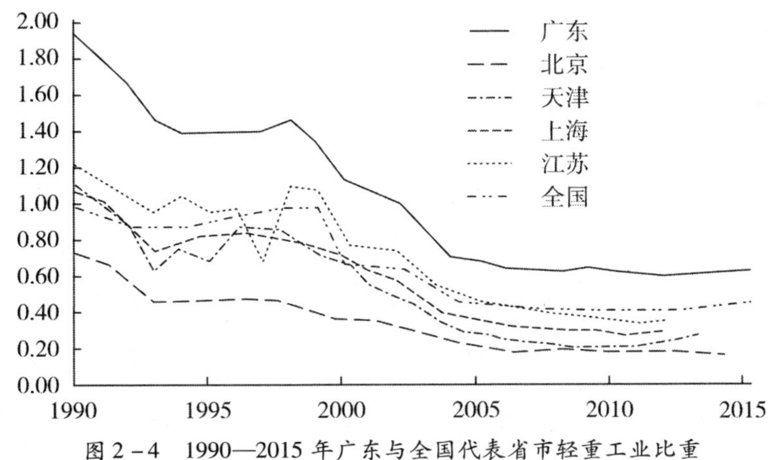

图 2－4 1990—2015 年广东与全国代表省市轻重工业比重

的北京、天津，说明广东的工业重型化程度低于这些地区。然而，值得关注的是，广东轻重工业比重下降的速度近年来要快于长三角地区及京津冀地区，这主要源于广东近年集中布局钢铁、石化等重化项目。

从国内比较看，以全员劳动生产率、单位 GDP 能耗和新产品销售收入占规模以上企业主营业务收入比重三大指标衡量的广东产业转型升级提质增效的总体成效优于全国水平，在国内发达省市中居于中等水平。

表 2－3 广东与我国发达省市产业转型升级提质增效指标的比较（2016 年）

核心指标	广东	全国	北京	天津	上海	江苏	浙江
全员劳动生产率（万元/人）	12.88	9.59	21.04	19.82	20.64	16.27	12.57
单位 GDP 能耗（吨标准煤/万元）	0.39	0.59	0.27	0.46	0.42	0.40	0.43
新产品销售收入占规模以上工业企业主营业务收入比重（%）	22.20	15.07	20.69	21.80	26.33	17.94	32.69

数据来源：根据各省市 2017 年统计年鉴相关数据测算而得。

从生产效率来看，2016 年广东全员劳动生产率为 12.88 万元/人，高于全国平均水平。在国内发达省市中，略高于浙江，与北京、天津、上海、江苏有一定差距，表明广东整体经济效率有待提高，产业的技术密集程度尚待提升。从生态效益来看，广东单位 GDP 能耗，在进行比较的几个省市中最低，远低于全国平均水平，表明广东节能减排工作成效显著。从主要城市来看，节能减排工作更是成绩斐然。从创新效益来看，广东新产品销售收入占规模以上工业企业主营业务收入的比重为22.20%，高于江苏、天津和北京，低于上海和浙江，表明广东的创新成果的产业化应用能力较强，而深圳与珠海的创新水平居于高等水平，创新成果产业化能力在广东城市中优势非常明显。

4. 环境友好，单位 GDP 能耗远低于同年全国的平均水平

广东的单位 GDP 能耗从 2000 年的 0.880 万元/吨下降到 2013 年的 0.508 万元/吨，远低于同年全国的平均水平，也低于长三角和京津冀地区主要省市，2008 年后单位 GDP 能耗与江苏省基本相当。

表 2-4　2000—2013 年全国及三大地区单位 GDP 能耗比较（万元/吨）

地区	2000 年	2005 年	2008 年	2009 年	2010 年	2011 年	2012 年	2013 年
全国	1.47	1.49	1.12	1.08	1.03	0.79	0.76	0.64
广东	0.880	0.788	0.715	0.684	0.6638904	0.563	0.532	0.508
上海	1.153	0.889	0.775	0.727	0.712	0.618	0.570	0.545
江苏	1.007	0.923	0.718	0.688	0.622	0.562	0.534	0.507
浙江	1.068	0.897	0.704	0.677	0.608	0.552	0.521	0.498
北京	1.311	0.986	0.643	0.606	0.581	0.458	0.436	0.380

（续表）

地区	2000 年	2005 年	2008 年	2009 年	2010 年	2011 年	2012 年	2013 年
天津	1.64	1.05	0.89	0.84	0.74	0.71	0.67	0.61
河北	2.220	1.981	1.519	1.475	1.350	1.203	1.138	1.096

数据来源：根据各年度各省市统计年鉴计算整理而得。

5. 动力强劲，区域创新动力优于全国水平

广东全省区域创新能力综合排名 8 年稳居全国第二，研究与试验发展经费支出占 GDP 比重从 2012 年的 2.17% 提升到 2016 年的 2.56%，珠三角地区达到 2.85%；有效发明专利量连续 7 年、PCT 国际专利申请量连续 15 年保持全国第一。技术自给率、科技进步贡献率分别提高到 71% 和 57%，基本达到创新型国家或地区水平。

从国内比较看，广东产业转型升级动力转换的主要指标值远高于全国平均水平，但在国内 6 个发达省市中处于中等水平。而以广东省内处于第一梯队的深圳、广州和珠海三市与全国先进省市相比，深圳的相关指标大幅领先，广州、珠海也处于较高水平。

表 2－5　广东与全国先进省市产业转型升级动力转换指标的比较（2016 年）

主要指标	广东	全国	北京	天津	上海	江苏	浙江
工业企业 R&D 经费占工业增加值比重（%）	5.13	4.42	6.33	5.14	6.49	5.44	5.02
每万人就业人员中规上工业企业 R&D 人员全时当量（人年）	67.48	34.82	41.92	86.81	72.27	95.01	85.60

数据来源：根据《中国统计年鉴 2017》及各省市的统计年鉴相关数据测算而得。

（三）广东建设现代化经济体系的主要短板

1. 经济整体水平不高

2012 年以来，广东的产业发展方式转变取得一定成效，但粗放型的增长方式仍未发生质的变化。其中，从全员劳动生产率这一指标来看，与发达国家水平差距较大，广东全员劳动生产率分别仅为美国、日本的 32%、39%，生产效率与国际水平相比仍然偏低，尚未明显表现出劳动密集型、资本密集型向技术密集型转变的特征。

2. 低端产业占比大，质量和效益有待提升

一是广东节能减排成效明显，但粤东西两翼特别是山区的单位 GDP 能耗偏高。粤东西北单位 GDP 能耗分别为 0.645、0.636、0.972 吨标准煤/万元，表明粗放型发展方式仍未得到有效控制，需要引起重视。横向来看，广东省单位 GDP 能耗水平低于江苏和浙江，而与美国、日本相比，广东在节能方面仍存在较大差距。

二是对环境污染治理的投资偏低，生态环境“欠账”多。按照发达国家环境治理投入的经验，随着人均 GDP 的增长，生态环境问题的增多，环保投入也将相应增大。广东生态环境方面的投入长期不足，历史欠账严重，与经济规模大、增速快的地位不相匹配。从 2005 年至今，除广州亚运年外，广

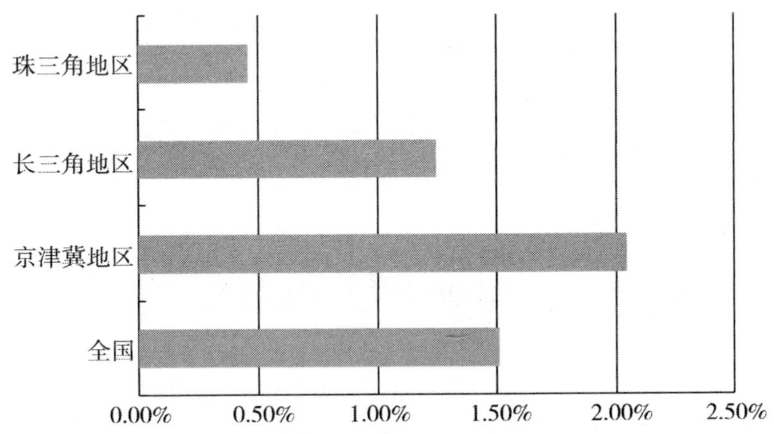

图 2－5　2014 年全国及三大地区环保投资占 GDP 比重

数据来源：2014 年中国环境统计报表。

东环境污染治理投资占同期 GDP 的比重始终在 1% 以下，这一水平不仅与欧盟相比有较大差距，也明显低于国内发展水平相当的北京、上海、浙江、江苏等长三角、京津冀省市。

三是高技术制造业发展质量和效益水平亟待提升。从高技术制造业内部看，广东不少处于高技术行业的企业主要进行低端产品的组装，产品附加值并不高。2008—2014 年，广东六大高技术制造业中，仅电子及通信设备制造业增加值出现较大幅度上升，仍稳居首位，在手机、平板电脑等产品方面，有了自己的品牌，占据了一定的市场份额，但高端品牌不多，核心竞争力不强。信息化学品制造、医药制造、航空航天器及设备制造、电子计算机及办公设备制造业、医疗设备及仪器仪表制造业五大产业近七年来规模增幅较小，仍处于起步阶段。2014 年，广东规模以上工业中高技术制造业完成增加值占全省规模以上工业增加值的比重为 25.7%，低于江苏的 39.2% 和浙江的 45.2%。广东制造业两大主导产业计算机、通信和其他电子设备制造业、电气机械和器材制造业的利润率偏低，仅为4%～6%，两大产业基本上处于全球价值链劳动密集型生产环节，产业盈利能力较低；在高技术制造业细分行业领域，广东汽车制造、医药制造、电子通信设备等行业的工业增加值增长率与先进地区有较大差距，显示这些行业在产业分工价值链中处于劣势地位，发展质量和效益水平亟待提升。

3. 工业投资不足，战略性新兴产业发展仍需加快

一是工业投资增速不高，后劲不足。2017年，广东完成工业投资增幅低于同期固定资产投资3.9个百分点，41个工业行业中，19个行业投资同比出现下降（煤炭开采和洗选业本年无数据，不计算在内）。工业投资后续项目没有较好地跟进，2017年工业新开工项目计划总投资增长14.4%，增速比前三季度回落11.2个百分点。从21个地市情况看，韶关、惠州、阳江、中山、肇庆和清远6个市的工业投资同比增速在下降区间，广州、深圳和中山3个市的房地产开发投资大于工业

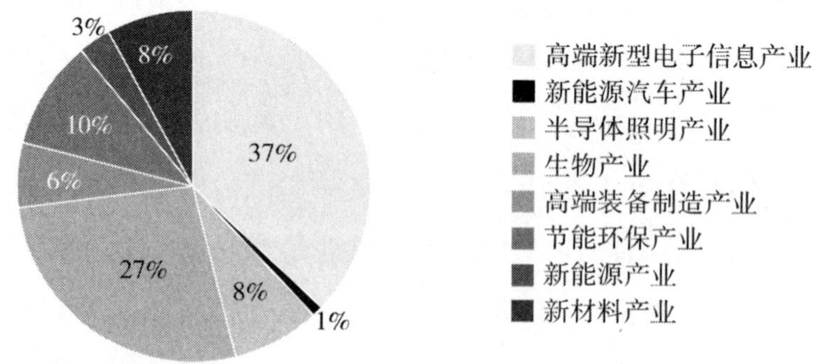

图2-6 2013年广东八大战略性新兴产业构成图

数据来源：广东省统计局。

投资和基础设施投资之和。全年固定资产的国内贷款中，工业投资的国内贷款比重和增速仅为7.6%和-2.3%，比房地产开发投资低13.7个和39.6个百分点。

二是广东新兴产业对经济增长贡献不足。与这个目标相比，2013年全省战略性新兴产业总产值仅为13125.03亿元，占生产总值的比重为5.1%，差距仍然很大，实现目标任务艰巨。在确定为率先突破的三大产业中，高端新型电子信息和LED两大产业增长较快，新能源汽车的发展并不理想，2013年实现增加值为16.27亿元，仅占全省战略性新兴产业增加值的0.5%，利润及出口交货值甚至出现负增长。总体来看，广东新兴产业尚处于产值较低、产业占比较小、大部分新兴产业仍处在发展的初期且未进入快速生长的阶段。

4. 传统与新兴产业产能同时过剩，化解任务艰巨

一是钢铁、石化等传统制造业产能过剩。2012—2014年，我国粗钢产能利用率低于75%（低于80%即为产能过剩），广东作为全国钢铁生产的主要省份，产能过剩的情况严重。广东作为全国重要的石化产业基地，已有茂名石化1350万吨/年、湛江东兴500万吨/年、广州石化1300万吨/年、惠州大亚湾1200万吨/年等众多炼油厂，总炼油能力约为4350万吨，中科合资的炼油加工能力为1500万吨/年炼化一体化项目、中海油惠州炼化（二期）项目等也在积极推进，在产能增速过快，炼油产能翻番的同时，炼厂产能过剩、开工率下降的现象也将随之出现。

二是LED、光伏等战略性新兴产业重复投资、结构趋同。广东是全国LED产业领头羊，近两年由于欧美经济不景气，

LED 出口受阻，广东受到的冲击也较为明显，出现结构性产能过剩。2013 年以来，广东光伏电站建设加速，光伏行业的产能过剩问题正逐渐从中上游转移到下游。然而从全国光伏产业的需求来看，现在国内需求已经无法消化中国的光伏产能，未来 10—20 年内，产能需求不会有太大变化，光伏产业产能过剩的矛盾将十分突出。

5. 核心技术有效供给不足，科技创新动力有待增强

广东产业转型升级的科技创新、资金投入、人才投入等动力正在发生积极的变化，然而与先进地区相比仍存在明显差距，在创新投入、专利等方面均存在动力不足的现象。

一是核心技术有效供给不足，出现产业“空心化”现象。国际上经常使用两个指标来判断一个经济体是否从投资驱动型转向创新驱动型，一个是 R&D 占 GDP 的比例超过 2%，一

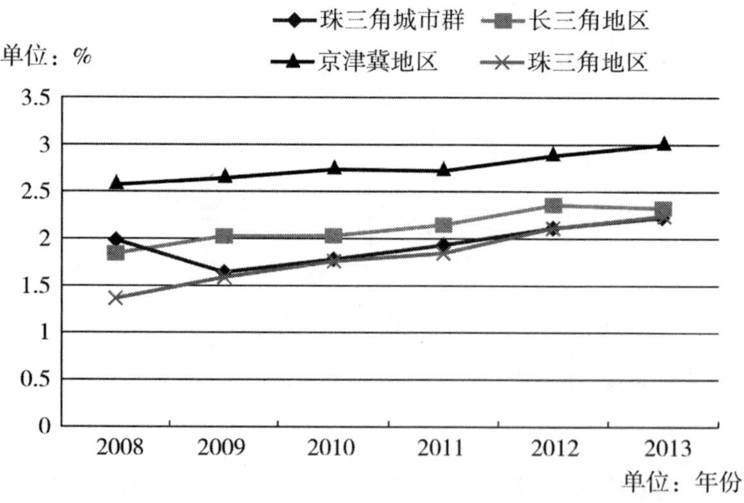

图 2－7　珠三角与长三角、京津冀地区 R&D 经费支出占 GDP 的比重

数据来源：根据各年度各省市统计年鉴、中国统计年鉴计算整理而得。

个是技术自给率达到70%。按此标准，目前广东已经开始步入创新驱动型发展阶段。在此阶段，技术改造和创新将有效促进企业产品更新换代，引领地区产业结构优化升级，抢占产业发展的制高点。近年来，广东R&D经费支出占GDP的比值不断上升，由2008年的1.33%增加至2013年的2.32%，但依然低于北京的6.08%、上海的3.60%、江苏的2.51%，与长三角、京津冀等国内先进地区差距明显，这在一定程度上制约了广东产业创新能力提升。

二是广东专利申请量和专利授权量曾一段位居全国首位，但近年来已被长三角地区的江苏反超。2008年以来，广东规模以上工业企业发明专利申请量在全国的占比呈现下降趋势，江苏规模以上工业企业发明专利申请量在全国的占比则持续上升，2014年占比已高于广东。而且广东规模以上工业企业发明专利申请数量的增长速度要低于全国，更是远远低于江苏省的速度，发展后劲受到制约。

三

如何把建设现代化经济体系的着力点放在实体经济上？

（一）什么是实体经济

1. 实体经济与虚拟经济的概念

重视实体经济的发展一直是中国经济发展的重大战略和政策导向。党的十九大报告提出要“着力加快建设实体经济、科技创新、现代金融、人力资源协同发展的产业体系”①。广东建设现代化经济体系，也必须把发展经济的着力点放在实体经济上。

实体经济是指由生产服务部门提供的物质产品、精神产品的生产、流通、消费等经济活动，其基本功能是提供人类生存发展资料、改善人类生活水平和增强人类综合素质。

相对而言，虚拟经济则是金融部门主导的围绕货币流通和信用制度的经济活动，其目的是通过发挥货币的清算与支付结算、资本融通与资源配置、经营风险管理、信息提供与激励等功能达到“以钱生钱”。判断是否为实体经济的关键标准在于是否具有直接改变了人类生活方式和改善了生存发展质量的功能。

---

① 《决胜全面建成小康社会　夺取新时代中国特色社会主义伟大胜利》，人民出版社 2017 年版，第 30 页。

链 接

美联储对实体经济的界定

美联储定义的实体经济是指除去房地产市场和金融市场之外的部分就是实体经济。从美国经济数据构成来看，包括制造业、进出口以及零售销售等在内的部分被美联储笼统地概括为实体经济，可见，美国是将房地产和金融业界定为非实体经济，而除此之外的则被统称为实体经济。

从产业层面看，第一产业和第二产业均属于实体经济的范畴，第三产业中除去房地产市场和金融市场之外的产业也都应属于实体经济。第一层次实体经济即制造业，可以用 R0 表示，这是实体经济的核心部分，可以理解为最狭义的实体经济；第二个层次实体经济包括 R0、农业、建筑业和除制造业以外的其他工业，可以用 R1 表示，这是实体经济的主体部分，是一般意义或者传统意义上的实体经济；第三个层次实体经济包括 R1、批发和零售业、交通运输仓储和邮政业、住宿和餐饮业，以及除金融业、房地产业以外的其他所有服务业，可以用 R2 表示，这是实体经济的整体内容，也是最广义的实体经济。R2 和金融业、房地产业就构成了国民经济整体，也就是包括实体经济与虚拟经济的整个国民经济。

2. 实体经济与虚拟经济的关系

（1）虚拟经济以实体经济为基础。

首先，虚拟经济是伴随实体经济的高速发展而产生的，

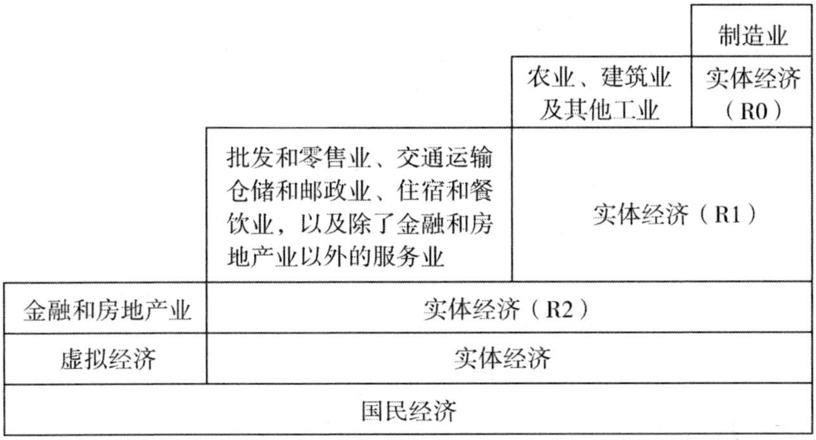

<table>
<tr><td></td><td></td><td></td><td>制造业</td></tr>
<tr><td></td><td></td><td>农业、建筑业及其他工业</td><td>实体经济（R0）</td></tr>
<tr><td></td><td>批发和零售业、交通运输仓储和邮政业、住宿和餐饮业，以及除了金融和房地产业以外的服务业</td><td colspan="2">实体经济（R1）</td></tr>
<tr><td>金融和房地产业</td><td colspan="3">实体经济（R2）</td></tr>
<tr><td>虚拟经济</td><td colspan="3">实体经济</td></tr>
<tr><td colspan="4">国民经济</td></tr>
</table>

图 3－1　产业层面实体经济的划分

它的产生、发展均离不开实体经济，没有实体经济，虚拟经济就没有存在的意义，更不会产生价值。其次，虚拟经济必须是依附于实体经济之上。实体经济是虚拟经济乃至于整个经济运行的根基，过多地投入虚拟经济领域，就容易形成泡沫经济，引发金融危机。

（2）虚拟经济对实体经济具有积极的促进作用。

虚拟经济有助于提高社会资本的配置效率，实现资本在不同实体经济之间的优化配置，使社会资本流向前景好、发展潜力大、经营效益好、管理规范的行业和企业，促进社会经济发展。虚拟经济拓宽了企业的融资渠道，有利于企业实现低成本规模扩张，从而提高整个经济的运行效率。虚拟经济有助于分散企业经营风险，通过期货市场套期保值和外汇掉期业务，可使企业有效规避市场价格波动和汇率变动带来的经营风险，降低企业生产成本等。

（3）虚拟经济过度膨胀则对实体经济产生不利影响。

虚拟经济要适应实体经济的需要，如果超前膨胀发展，并不能带动实体经济的超速发展，相反还易导致人们过度消费、银行增大风险，并掩盖经济过热，引发经济泡沫，将会导致金融危机，大量企业破产，工人失业，物价飞涨，社会贫富差距扩大，并引发经济社会动荡，最终对实体经济造成极大破坏。

（二）为什么必须把发展经济的着力点放在实体经济上

1. 实体经济是大国立国和发展之本

国际金融危机发生后，主要发达国家反思“脱实向虚”的发展模式，重新聚焦实体经济，集中发力高端制造领域，力图重振制造业并不断扩大竞争优势。美国积极推进“再工业化”战略，德国一再加码“工业4.0”计划，英国也正积极进行“重新工业化”战略。苹果电脑、松下电器、阿迪达斯等跨国公司的全球生产布局也重新调整，高端制造领域出现向发达国家“回流”的态势。同时，一些新兴经济体依靠低成本优势，出台一系列吸引外资的政策，积极承接国际产业转移，加快工业化步伐，致力于打造新的“世界工厂”。应对“双重挤压”的局面，我国必须把发展实体经济摆在突出重要的战略位置，努力扭转资本“脱实向虚”的趋势，促进我国产业加快迈向全球产业价值链中高端。

链 接

工业 4.0

工业 4.0 是由德国政府《德国 2020 高技术战略》中所提出的十大未来项目之一。德国所谓的工业四代（Industry 4.0）是指利用物联信息系统（Cyber-Physical System，简称 CPS）将生产中的供应、制造、销售信息数据化和智慧化，最后达到快速、有效、个人化的产品供应。

2. 新工业革命对实体经济发展带来深刻变革

继机械化、电气化、自动化等产业技术革命浪潮之后，以信息网络技术加速创新与渗透融合为突出特征的新一轮工业革命正在全球范围内孕育兴起，制造业加速向数字化、网络化、智能化方向延伸拓展，软件定义、数据驱动、平台支撑、服务增值、智能主导的特征日趋明显，新产品、新模式、新业态、新产业层出不穷，数据正在成为这个时代最宝贵的资源，围绕工业互联网平台的竞争愈演愈烈。新工业革命与我国实施制造强国战略形成历史性交汇，我们必须把握变革趋势和时间窗口，做好信息化与工业化深度融合这篇大文章，努力抢占新一轮产业竞争制高点。

3. 我国制造业加快提质升级日益紧迫

经过改革开放 40 年的快速发展，我国成为世界制造业第一大国，但与主要工业发达国家水平和制造强国建设目标相比，多数领域在技术创新、质量品牌、环境友好等方面还存在很大差距，结构性供需失衡问题日益凸显。面向未来，我们必须着眼解决深层次矛盾和问题，深化供给侧结构性改革，推动制造业加快实现质量效益提高、产业结构优化、发展方式转变、增长动力转换，为实现“两个一百年”奋斗目标和中华民族伟大复兴的中国梦提供有力保障。

4. 我国经济“脱虚向实”的任务日益紧迫

中国是一个实体经济大国而非实体经济强国。“大而不强”问题突出，习近平总书记在2017年中央经济会议上指出，我国经济运行面临的突出矛盾和问题，虽然有周期性、总量性因素，但根源是重大结构性失衡。概括起来，主要表现为“三大失衡”：一是实体经济结构性供需失衡，二是金融和实体经济失衡，三是房地产和实体经济失衡。这“三大失衡”有着内在因果关系，导致经济循环不畅。这意味着步入工业化后期的中国经济结构的重大问题就是实体经济结构失衡，这包括实体经济内部的供需结构失衡，以及实体经济外部的实体与虚拟经济之间的结构失衡，而应对结构失衡的良方就是结构性改革。

链接

西方国家经济“脱实向虚”的危害案例

从国际上来看，历史上发生的1929年美国大萧条、1997年亚洲金融危机和2008年国际金融危机固然有国际货币体系缺陷等诸多原因，但它们都不约而同地充分暴露出了金融严重脱离实体经济的恶果。

美国2007年爆发次贷危机的直接原因就是房地产市场的

崩溃。日本20世纪80年代末房地产泡沫破灭，导致经济长期陷入停滞的阴影之中。1997年亚洲金融危机的诱因也是受房市泡沫和游资的冲击。金融危机的惨痛教训和危害是：一旦金融、房地产这两大领域泡沫破裂，“脱实向虚”必然导致经济结构严重失衡，金融虚拟经济严重背离以制造业为主的实体经济，任凭房市、股市、汇市、债市炒作泛滥，再加之现有国际货币体系治理存在霸权和国际游资等剧烈冲击，爆发金融危机就不可避免，甚至会威胁到国家政权和社会稳定。

自2008年国际金融危机爆发至今，世界经济仍然没有摆脱“脱实向虚”的困扰。尽管发达国家纷纷采取了量化宽松“强刺激”的货币政策，但在促进经济复苏方面的效果并不明显，过度的刺激最终只会导致全球金融市场泡沫和高杠杆。继美国发生金融海啸之后，欧洲出现了债务危机，一些发展中国家也陷入了经济衰退之中。

（资料来源：上观新闻网2016年12月16日）

（三）广东实体经济发展现状及问题

1. 全省实体经济持续向好

（1）第一经济大省地位进一步巩固。

2017年，广东实现地区生产总值89879.23亿元，连续29年居全国首位。按可比价格计算，同比增长7.5%，增幅与上年持平；第一、二、三产业实现增加值3792.40亿元、

38598.55亿元、47488.28亿元，同比分别增长3.5%、6.7%和8.6%，第一、二产业增幅同比提高0.4个和0.6个百分点，第三产业回落0.6个百分点。人均地区生产总值超过8万元，达到81089元，是全国平均水平的1.36倍。广东地区生产总值同比增速比全国高0.6个百分点，继续保持高于全国水平。与江苏的经济总量优势扩大，从地区生产总值总量看，2017年广东比江苏多3978.29亿元，经济总量优势比上年扩大511.66亿元。从地区生产总值增速看，广东与上年持平，浙江提高0.3个百分点，江苏和山东则分别回落0.6个和0.2个百分点。

表3-1 2017年全国和粤鲁苏浙主要经济指标增速对比表（%）

分省	时期	地区生产总值	规模以上工业增加值	固定资产投资	社会消费品零售总额	进出口总额	地方一般公共预算收入	中外资金融机构本外币贷款余额
全国	2017年	6.9	6.6	7.2	10.2	14.2	—	12.1
	2016年	6.7	6.0	8.1	10.4	-0.9	—	12.8
广东	2017年	7.5	7.2	13.5	10.0	8.0	10.9	13.6
	2016年	7.5	6.7	10.0	10.2	-0.8	10.3	16.0
山东	2017年	7.4	6.9	7.3	9.8	15.2	6.6	8.6
	2016年	7.6	6.8	10.6	10.4	3.5	8.5	10.6
江苏	2017年	7.2	7.5	7.5	10.6	19.0	4.6	11.9
	2016年	7.8	7.7	7.5	10.9	-0.7	5.0	14.5
浙江	2017年	7.8	8.3	8.6	10.6	15.3	11.5	10.3
	2016年	7.5	8.2	10.9	11.0	3.1	9.8	7.0

（2）实体经济规模稳步发展。

农业生产稳中有升，第一产业增加值对地区生产总值的贡献率为2.0%，拉动经济增长0.1个百分点。工业生产形势向好，第二产业增加值对地区生产总值的贡献率为39.8%，拉动经济增长3.0个百分点。工业对经济增长的贡献率为38.7%，比上年提高3.7个百分点。2017年，广东规模以上工业企业累计完成增加值33071.99亿元，同比增长7.2%，增速连续四个月持平，增幅比上年提高0.5个百分点。服务业保持平稳较快的增长态势，第三产业实现增加值47488.28亿元，增长8.6%。生产性服务业加快发展，增加值增长8.8%。全省规模以上生产性服务业实现营业收入同比增长17.8%，增幅同比提高4.1个百分点。

表3－2　2017年广东主要经济指标对比情况表

指标	增加值（亿元）	增速（%）
地区生产总值	89879.23	7.5
第一产业	3792.40	3.5
第二产业	38598.55	6.7
第三产业	47488.28	8.6
规模以上工业增加值	33071.99	7.2

（3）实体经济结构深入优化调整。

服务业增加值占比持续提升，2017年三次产业结构从上年的4.6∶43.4∶52.0调整为4.2∶43.0∶52.8。工业结构持续优化，先进制造业和高技术制造业增加值占规模以上工业比重继续提升，达53.2%和28.8%，比上年提高1.6个和1.2个百分点，珠江西岸装备制造业增加值增长12.5%。现代服务业比重提升，现代服务业增加值占服务业增加值比重为

62.6%，比上年提高1.0个百分点。民营经济总量占半壁江山，民营经济增加值占地区生产总值比重达53.8%，比上年提高0.2个百分点。

（4）去产能降成本成效明显。

压减钢铁过剩产能，全面取缔“地条钢”产能，淘汰落后造纸产能，国有关停“僵尸企业”实现市场出清2394户等年度任务圆满完成。2017年12月末规模以上工业企业成品存货同比增长12.8%，增幅同比提高9.8个百分点。同时期规模以上工业企业资产负债率为55.65%，同比下降0.5个百分点；2017年全年，规模以上工业企业每百元主营业务收入中的成本为84.09元，在购进价格指数较高的情况下，比上年仅提高0.03元。

链接

僵尸企业

僵尸企业是指已停产、半停产、连年亏损、资不抵债，主要靠政府补贴和银行续贷维持经营的企业。僵尸企业不同于因问题资产陷入困境的问题企业，能很快起死回生，僵尸企业的特点是“吸血”的长期性、依赖性，而放弃对僵尸企业的救助，社会局面可能更糟，因此具有绑架勒索性的特征。

（5）促进实体经济发展措施有力。

省市促进实体经济发展的“1+21”政策体系初步建立。2017年广东省政府印发《广东省降低制造业企业成本支持实体经济发展的若干政策措施》。目前，21个地市均已制定地方配套政策措施，其中佛山、东莞等16个地市政策措施已经印发出台。

链接

广东省实施促进实体经济发展的政策措施

《广东省降低制造业企业成本支持实体经济发展的若干政策措施》主要内容包括：1. 降低企业税收负担。2. 降低企业用地成本。3. 降低企业社会保险成本。4. 降低企业用电成本。5. 降低企业运输成本。6. 降低企业融资成本。7. 降低企业制度性交易成本。8. 支持工业企业盘活土地资源提高利用率。9. 支持培育制造业新兴支柱产业。10. 支持企业开展技术改造。

佛山市每年安排2亿元补贴规模以上工业企业新增用电、用气；提出搭建全市统一的扶持资金申报服务平台。

东莞市在“失业保险浮动费率”“基本医疗保险单位费率”以及“工伤保险费率”等方面均执行全省最低标准；将在“倍增计划”中实施的有条件放宽地上建筑物抵押审查适用范围放宽至全市的制造业企业；积极探索出台新型产业用地“1 + X”政策体系，通过放宽规划形态、功能用途等方式支持土地混合开发，实施新型产业用地项目用房分割销售；开展“解决重点制造业企业用地历史遗留问题”试点；计划4年安排8亿元，引导企业进行机器换人。

珠海市从办税、国土和规划等方面提出突破性政策，允许工业项目按照规划确认的用地围墙线内面积出让；创新工业用地竞买模式，提出采用“定地价、竞效益指标”或“综合方案招标”等模式。

中山市提高工业用地容积率上限，将一类工业用地容积率上限由3.5提升至6.0，二类工业用地容积率上限由3.5提升至4.0，三类工业用地容积率上限由2.5提升至3.0。

汕头市实施“政产研智助强企”工程。从2018年起连续三年，每年统筹安排财政资金200万元，以政府引导、企业参与，相关科研机构、高校、协会支撑的方式，组建专家团队，对优选重点行业中的代表企业开展入企“把脉问诊”工作，为企业提供质量可靠性整体解决方案，为政府提供行业共性问题改进建议报告，推动制造业转型升级。

湛江市鼓励标准厂房及科技企业孵化器建设、下调天然气最高限价、开展项目投资建设直接落地改革试点、鼓励工业企业原址升级改造和促进传统产业转型升级。

揭阳市全面实施“揭阳制造2025”，市财政对先进装备制造业发展和以高端智能装备、节能环保装备、电子信息、新材料为方向的制造业新兴支柱产业培育予以重点支持。

汕尾市改革社会投资项目审批时间，由原来约165天缩短为40天。

（根据广东省经信委材料整理）

---

2. 促进实体经济发展问题与困难犹存

（1）关键技术和零部件依赖进口，制造业增加值率较低。

目前广东拥有自主核心技术的制造业企业不足10%，关键技术和零部件90%以上仍依赖进口。从国际分工来看，广东仍处于全球高技术产业价值链中的劳动密集型低附加值环节，机器人、高档数控机床80%以上市场份额被国外产品占领。重大产业上下游和关联产业发展仍不匹配，如汽车产业中零部件与整车产值之比仅为0.12：1，远远落后于发达国家的1.7：1。机器人、智能装备等新兴产业企业主要扎堆下游加工组装环节，呈现“下游庞大、中游分散、上游缺乏”的特点，无法占据产业链高端环节。2017年，全省高技术制造业增加值率和规模以上先进制造业增加值率均不到25%，与发达国家平均35%以上的工业增加值率差距明显。

（2）制造业投资回报率过低，资金“脱实向虚”严重。

广东工业企业主营业务收入利润率约为6%，对比资金成本（中小企业普遍融资成本在10%以上）和虚拟经济、房地产投资利润率而言，实体经济利润率过低。同时，广东工业用地、用电、用气价格均处于全国较高水平。在实体经济回报率过低的情况下，民间资本不愿进入实体经济，而虚拟经济和房地产投资的高收益，进一步推高实体经济成本。

表3－3　对标地市工业用地平均成交价对比　　单位：元/平方米

广州	深圳	佛山	韶关	东莞	湛江	揭阳
853	6564	585	202	626	226	579
南京	宁波	无锡	丽水	苏州	连云港	温州
448	534	471	241	375	149	586

（3）产业发展高端人才紧缺，新旧动能转换缓慢。

过去40年，广东依靠大量的外来劳动力流入获得丰厚的人口红利，但随着外来劳动力流入的减少，依靠劳动力投入获得的经济增长优势不断弱化。从产业人才需求来看，经济新常态下，广东率先进入产业结构调整与转型升级，机器人、智能穿戴、高端装备制造等新兴产业加速崛起，促使人才需求结构发生变化，对高端型、复合型及高技能型人才需求快速增长，但从广东劳动力供给结构来看，高端型、复合型及高技能型等产业发展关键人才仍然供不应求。

（4）资源环境约束持续存在，劳动力数量和成本优势逐步弱化。

广东以占全国1.87%的土地面积承载了全国5%的工业废气和11%的工业废水排放，长期积累的生态环境问题正在集中显现，未来生态环境保护和节能减排压力将不断加大，亟须加快形成绿色低碳循环发展方式。“十三五”时期，“土地告急、资源短缺、人口超负、环境透支”将成为整个珠三角地区面临的共同压力，广东推动产业结构转型升级的紧迫性进一步增强。随着人口老龄化和外来劳动力逐渐减少，广东人口红利正在逐步消失，亟须通过提升劳动者素质和自主创新推动传统制造业转型升级。

（四）广东促进实体经济发展的思路及重点

1. 加快推动制造业转型升级

习近平总书记多次强调，要推动制造业转型升级，防止经济脱实向虚。广东传统优势制造业主要包括纺织服装、家具制造、建筑材料、家用电器、玩具及食品饮料等，必须根据自身行业特点，适应全球经济环境变化，以创意设计、品牌提升、渠道拓展等模式，从全球价值链低端的制造环节向微笑曲线的两端延伸拓展，走上集约型、科技型、时尚创意、品牌化发展道路。

路径一：创意设计模式。即依托广东的传统优势产业，以市场需求为导向，通过在原有产品的外形、包装、功能等各个方面添加艺术、文化、环保等新元素，使产品兼顾使用功能和艺术观赏的双重价值，不断提升产品的艺术、文化含量和附加值，从而让消费者在使用好的设计产品时产生愉悦感，享受更高品质的生活。

路径二：品牌提升模式。推动传统优势产业品牌冲刺中国名牌、世界名牌，鼓励具有潜力的中小企业发展自主品牌，指导和扶持传统代工生产（OEM）企业向代工厂经营自有品牌（OBM）企业转型，以企业自主品牌赢得市场和竞争力；推动区域性品牌向全国性和国际性品牌跃升。

路径三：渠道拓展模式。即利用互联网将制造业的渠道从传统的商场、卖场、专卖店延伸到网店、网上旗舰店以及微店，减少环节，缩短货物到达消费者的时间，减少利润分流，通过线上渠道拓展，将需求数字化、模块化，更加适应用户需求与用户体验。

2. 推动互联网、大数据、人工智能和实体经济深度融合

党的十九大报告指出，要“推动互联网、大数据、人工智能和实体经济深度融合”。广东要深入实施“互联网＋”计划，必须抓住大变革的机遇，破除传统路径依赖，以互联网思维实现“路径突破”，倒逼转型升级战略调整，构建以“互联网＋”为引领的现代产业体系，强化广东综合制造优势，高起点建设世界级先进制造业集群，促进“广东制造”向

"广东智造"转变。

链接

"互联网+"

2015年国务院印发《国务院关于积极推进"互联网+"行动的指导意见》。"互联网+"就是"互联网+各个传统行业",但这并不是简单的两者相加,而是利用信息通信技术以及互联网平台,让互联网与传统行业进行深度融合,创造新的发展生态。即充分发挥互联网在社会资源配置中的优化和集成作用,将互联网的创新成果深度融合于经济、社会各领域之中,提升全社会的创新力和生产力,形成更广泛的以互联网为基础设施和实现工具的经济发展新形态。

路径一:"两化深度融合"模式,打造国家数字经济发展先导区。即信息化和工业化的高层次的深度结合,利用信息技术的渗透性和带动性,将互联网的创新成果深度融合于传统优势产业的研发、设计、生产、物流、营销、管理等关键环节中,实现企业的信息流、资金流、物流、工作流等的数字化,促进传统优势产业和信息技术产业的联动、协调发展。

路径二:"互联网+制造"模式,打造国家数字经济发展先导区。即及早应对工业4.0变革浪潮,对接"中国制造2025",利用广东装备制造、互联网应用的基础,着力强化"互联网+"与制造业的深度融合,抢先发展新一代智能互联物联生产制造系统的新技术、新模式、新业态,加快工业互联网建设,利用互联网技术帮助传统制造业优化生产环节和供应链，提高生产效率，推动传统制造向“现代智造”转型。

链接

智能制造

智能制造（Intelligent Manufacturing，IM）是一种由智能机器和人类专家共同组成的人机一体化智能系统，它在制造过程中能进行智能活动，诸如分析、推理、判断、构思和决策等。通过人与智能机器的合作共事，去扩大、延伸和部分地取代人类专家在制造过程中的脑力劳动。它把制造自动化的概念更新，扩展到柔性化、智能化和高度集成化。智能制造包含智能制造技术和智能制造系统。智能制造系统不仅能够在实践中不断地充实知识库，而且具有自我学习功能，还有搜集与理解环境信息和自身的信息，并进行分析判断和规划自身行为的能力。

路径三：“人工智能+制造”模式。即牢牢把握智能制造主攻方向，大力实施智能制造工程，集中力量攻克关键技术装备，培育智能制造生态体系，鼓励企业使用柔性自动化生产装配线、大型控制系统、数控机床、智能机器人等自动化、数字化、网络化、智能化制造设备，推广应用新型传感、嵌入式控制系统、系统协同技术等智能化制造技术，普及设计过程智能化、制造过程智能化和制造装备智能化。

3. 加快发展现代服务业，促进制造与服务协同发展

党的十九大报告强调，要加快发展现代服务业。广东制造业竞争力的提升必然要求有相应的现代生产性服务业的支撑，要积极培育发展研发服务、物流服务、设计创意、会展服务、金融服务等知识技术密集型生产性服务业，做优做强高端现代服务业，做优做强高端现代服务业，促使制造业提高技术含量和降低生产成本。

路径一："制造 + 服务"模式。充分发挥广东作为国家先进制造业基地和服务业大省的优势，以构建高效生产服务体系为着力点，大力扶持制造业与服务业融合，鼓励制造企业向价值链两端延伸，大力发展总承包研发设计、检验检测、供应链管理、专业维修、节能环保、电子商务、培训教育等与制造业密切相关的生产性服务业，进一步提升产业融合度，加快推进制造业向服务型制造转变。

路径二："制造 + 总部经济"模式。采取"总部—制造基地"分离布局的总部经济模式，珠三角中心城市"腾笼换鸟"发展总部经济，将企业的研发、营销、结算等关键环节保留，将生产、物流等非核心环节转移出去，吸引企业总部等高端环节聚集发展。珠三角边缘和广东省欠发达地区承接制造业，通过"总部—制造基地"功能链条辐射，连接企业总部与生产制造基地，带动生产制造基地所在区域的经济社会发展。

路径三：商业模式创新模式。广东服务业转型升级的主要方向是通过采取商业模式创新、服务业新兴业态培育、服务业楼宇经济等模式，促进商贸会展、金融保险、现代物流、文化旅游、商务与科技服务等优势服务业向价值链高端发展，着力培育与新型城市化发展相适应的移动互联网服务、物联网服务、云服务、智慧文化与网络教育等新兴业态，增强广东的集聚辐射和综合服务功能。

4. 淘汰高污染高排放产业和企业，提升绿色发展水平

习近平总书记在参加十三届全国人大一次会议广东代表团审议时的讲话强调，要以壮士断腕的勇气，果断淘汰那些高污染、高排放的产业和企业，为新兴产业发展腾出空间。广东在保持经济高速增长的同时，也要在生态文明建设上迈步前行，率先建成国家绿色发展示范区。

路径一：推动高污染高排放产业和企业加快退出。严格环境执法，实行部分高耗能高污染行业执法全覆盖，加强环境执法与刑事司法联动，促使能耗、环保不达标或淘汰类产能依法依规关停退出。根据行业先进水平持续更新强制性标准，制定更严格的环保、能耗标准，实施污染物特别排放限值，通过差别化价格政策等方式倒逼高污染高排放企业退出。

路径二：推进散乱污染企业和工业集聚区污染整治。全面排查未达标工业污染源，重点排查钢铁、水泥、玻璃、化工、陶瓷、造纸、石材、有色金属等高污染行业企业和涉挥发性有机物行业企业，推动城市建成区内重污染企业搬迁改造。

链接

绿色制造

绿色制造也称为环境意识制造（Environmentally Conscious Manufacturing）、面向环境的制造（Manufacturing For Environment）等，是一个综合考虑环境影响和资源效益的现代化制造模式。其目标是使产品从设计、制造、包装、运输、使用

到报废处理的整个产品生命周期中，对环境的影响（负作用）最小，资源利用率最高，并使企业经济效益和社会效益协调优化。绿色制造这种现代化制造模式，是人类可持续发展战略在现代制造业中的体现。

路径三：加快构建绿色制造体系。实施“万企”清洁生产审核行动，对高污染高排放行业开展强制性清洁生产审核，推动石化、钢铁、水泥等重点行业提标改造。推进“百园”循环化改造升级，构建企业间循环链接的产业链条。实施工业燃料升级工程，提高资源综合利用效率。实施建筑陶瓷等高污染行业“煤改气”工程。大力发展清洁能源，严格控制煤炭消费。

（五）广东促进实体经济发展的政策建议

1. 建设国际化营商环境，激发和保护企业家精神

加强“顶层设计”。率先在供给侧结构性改革、行政管理、投资服务、科技创新服务等方面大胆推进体制机制创新，冲破传统思维、体制障碍、制度障碍，营造充满活力、富有效率的政策和制度环境，构建发展实体经济的政策体系和长效机制。

实行差别化行政审批政策。持续抓好“放管服”，推进“证照分离”“照后减征”进一步清理、减少和调整行政审批

事项，将企业申报审批分为绿色通道、重点支持和正常审批等类别。绿色通道类项目即报即审、简化程序；重点支持类项目分类排队、加快审核；正常审核类项目则视为普通类别对待。建成省市县一体化“数字政府”，实行政务服务事项全流程再造。

实现差别化的政府采购制度。树立国货意识，建立激励自主创新的政府首购和订购制度，使用财政性资金进行的政府采购，应当优先采购民族品牌或符合国家规定的自主创新产品。在采购文件的制定和评审方法上，可增加优先采购自主创新产品的具体条件、优惠幅度等。

建立国际化营商环境。瞄准国际一流地区标杆，对照国际化营商环境标准，优化再造服务流程，努力完善口岸管理体制，加快电子口岸建设，提高贸易便利化水平；破除投资审批、外汇管理、金融服务等方面的障碍；加快发展跨境电子商务，加强外贸公共服务平台建设，努力打造投资成本低、办事效率高、服务环境优的国际化营商环境，激发企业的市场活力。

激发企业家精神。构建“亲”“清”新型政商关系。着力营造依法保护企业家合法权益的法治环境、促进企业家公平竞争和诚信经营的市场环境、尊重和激励企业家干事创业的社会氛围。营造企业家文化，弘扬企业家爱国敬业、遵纪守法、艰苦奋斗的精神；弘扬企业家创新发展、专注品质、追求卓越的精神；弘扬企业家履行责任、敢于担当、服务社会的精神。

链 接

新型政商关系

2016年3月，习近平总书记看望出席全国政协十二届四次会议民建、工商联界委员并参加联组讨论时就构建新型政商关系作了阐述。新型政商关系，概括起来说就是“亲”“清”两个字。习近平总书记为领导干部“亲”“清”提出了明确要求：“要坦荡真诚同民营企业接触交往，特别是在民营企业遇到困难和问题情况下更要积极作为、靠前服务，对非公有制经济人士多关注、多谈心、多引导，帮助解决实际困难”“同民营企业家的关系要清白、纯洁，不能有贪心私心，不能以权谋私，不能搞权钱交易”。习近平总书记寄语民营企业家，要“积极主动同各级党委和政府及部门多沟通多交流，讲真话，说实情，建诤言，满腔热情支持地方发展”“要洁身自好、走正道，做到遵纪守法办企业、光明正大搞经营”。

2. 进一步落实减税降费政策，切实降低企业综合成本

有效降低企业税费成本。研究扩大营改增抵扣范围，优化抵扣链条，降低企业税负。针对不同行业不同特点，对其主要成本项目允许进入进项税额抵扣范围，特别是将一些聘用员工的人工成本、利息支出、路桥费等纳入抵扣范围。增加试点前已经购进的存量固定资产的抵扣数额，具体抵扣方法可参考固定资产每年折旧费用处理办法施行。进一步降低企业个人所得税及行政性收费。设置合理的残疾人保障金征

收标准，避免“一刀切”。

有效降低企业融资成本，建立金融服务实体经济的体制机制。通过差别准备金率、再贷款、再贴现等政策引导银行业金融机构加大对小微企业、“三农”等薄弱环节和重点领域的信贷支持力度。引导金融机构针对不同企业合理定价。有条件的地方探索设立政府性担保基金，探索运用资本注入、再担保、风险补偿等措施，提高融资担保机构为战略性新兴产业、小微企业服务的积极性。加快发展金融租赁公司、融资租赁公司、村镇银行等各类机构。加快债券产品创新，发展股债结合品种，研究发展高风险高收益企业债、项目收益债、永续债、专项企业债、资产支持证券等。

有效降低企业物流成本。大力发展运输新业态，推广多式联运，推进跨部门、跨区域、跨国界、跨运输方式物流相关信息互联共享，鼓励企业间运力资源共享。科学合理确定公路收费标准，逐步有序取消政府还贷二级公路收费，坚决杜绝乱罚款、“以罚代管”等行为。全面清理机场、铁路、港口码头经营性收费项目，禁止指定经营、强制服务、强行收费行为。

3. 强化财税金融支持，突破制约实体经济发展的资金瓶颈

加大对制造业重点行业及技术的财政支持力度。突出重点行业、重点企业和重点装备，从鼓励企业技术创新、支持智能制造应用等方面，对制造业新兴支柱产业的标志性重大项目落地、关键技术攻关、重大兼并重组、颠覆性创新成果转化等问题按“一项目一议”方式给予支持，对制造业重点

企业新技术研发及产业化、提质增效、产业链上下游配套协作等给予补助。进一步加大对相关制造业的研发、中试、产业化、产学研合作、创新平台建设、公共服务平台等的支持，加快推进制造业创新产品的研发和规模化应用。

落实金融支持实体经济相关政策。增强金融服务实体经济能力，深化产融合作，鼓励有条件的地方建立信贷风险补偿机制。创新财税金融支持方式，采取产业投资基金等形式，促进战略性、基础性、先导性产业加快发展。运用大数据、互联网等新型技术改善融资服务，积极发展多层次资本市场，丰富直接融资工具。实施更加精准的产业政策，促进产业政策与财税支持、金融服务良性互动。

发挥以股权融资为核心的多层次资本市场。鼓励高质量企业上市融资，加速优质信贷的证券化速度，盘活资金存量。规范资本市场制度和加强上市企业监管。规范政府自身融资平台的建设，采用 PPP 等方式来引入多种资本，降低债务风险。大力发展风险投资，引导社会资本流向战略性新兴产业等具备高风险和高回报特点的新经济中去，使中小型企业的创新活动可以得到更多的资金支持。

拓宽中小微企业融资渠道。鼓励银行、商业保险公司、财务公司等金融机构为产业链上下游中小微企业提供应收账款融资。鼓励以国有资本引导、社会资本参与、市场化运作的方式建立中小微企业转贷基金，重点支持中小制造业企业贷款转贷。完善中小微企业贷款风险补偿机制，对银行向无抵押、无担保和没有取得过贷款的中小微企业发放信用贷款，首笔贷款所形成的坏账损失，给予一定比例补偿。鼓励设立中小企业设备融资租赁基金，通过融资租赁贴息、融资租赁风险补偿等方式，降低企业在升级改造、设备购置中的融资成本。

4. 强化人才政策支持，建设知识型、技能型、创新型劳动者大军

加快建设多层次制造业人才队伍。落实新时期产业工人队伍建设改革方案和制造业人才发展规划指南，培养一大批具有创新精神和国际视野的企业家人才、各行业各领域技术创新的专家型人才和高级经营管理人才，建设知识型、技能型、创新型劳动者大军。突出“高精尖缺”导向，加大制造业引智力度。激发和保护企业家精神，弘扬劳模精神和工匠精神，营造劳动光荣的社会风尚和精益求精的敬业风气。与国内外各种人才储备平台建立战略合作关系，建立招揽人才的国际网络。

链接

苏浙鲁三省扶持实体经济发展主要内容

苏浙鲁三省扶持实体经济发展有不少独特的经验做法值得广东借鉴：

（一）营商环境方面。政务服务更加务实。江苏省打造政府服务“一张网”，建成省市县三级统一的政务服务网和移动客户端APP，实现全省政务一站式服务，编制了省市县三级政府部门审批清单、权力清单、责任清单、行政事业性收费清单、专项资金清单等5张清单向社会公布并实行动态管理。浙江省以政府权力清单、责任清单、企业投资负面清单、省级部门资金管理清单和政务服务网建设这“四张清单一张网”为抓手，全面推进政府自身改革。政务服务网是浙江深化政府自身改革的重要抓手，目标是建设省市县三级联动的网上政府，实现“四个集中”：权力事项集中进驻，网上服务集中提供，政务信息集中公开，数据资源集中共享；“七个统一”：统一导航、统一认证、统一申报、统一查询、统一互动、统一支付、统一评价。苏浙两省政府注重建立与企业良好的沟通机制，及时宣传贯彻有关政策，现场办公服务企业，取得了良好的效果。

（二）税费方面。部分税收减免政策更有针对性。江苏省对确有困难且符合减免条件的纳税人，定期减征或免征房产税和土地使用税。浙江省以“亩产税收”为标尺，根据企业综合评级差别化减免土地使用税。A 类企业可按当地最低标准征收城镇土地使用税，符合法定条件的可依法免征。江苏省授权市县按比例征收残疾人就业保障金。如南京市残疾人就业保障金按原规定标准的 55% 征收。苏州市规定对 500 ~ 1000 人、1001 ~ 5000 人、5000 人以上的大中型企业，分别按征缴标准的 40%、20%、10% 征收。

（三）用工方面。降低用工成本政策更加弹性。江苏省对困难企业暂时无力缴纳社会保险费的，在提供有效缴费担保后，可缓缴除基本医疗保险费之外的社会保险费，缓缴期最长可达 6 个月。企业在依法提取和使用职工教育经费后，职工培训费用不足部分，由地方财政部门在其缴纳的地方教育附加费额度内予以补助。浙江省临时性下调失业保险费和医疗保险费缴纳比例，允许符合产业结构调整方向的困难企业暂缓缴纳社会保险费，缓缴期限不超过 1 年。山东省企业可根据自身生产经营情况，经职工代表大会或工会讨论通过后，住房公积金企业缴存部分可在5%至12%之间确定合适的缴存比例，经住房公积金管理中心审核通过后实施；生产经营困难企业还可申请缓缴住房公积金。

（四）用地方面。建设标准化厂房土地利用更加集约。江苏省从2012年起推进高标准厂房建设（功能齐全、设施先进的四层及以上高标准厂房，可按幢、层等固定界限为基本单元分割登记和转让），对用地规模小于1.5公顷且适宜使用四层及四层以上高标准厂房的工业项目，不再单独供地。浙江省提出“多层标准厂房用地容积率一般应达到1.4以上，建筑密度一般不低于35%，厂房层级一般应达到4层及以上”和“以企业联合体方式开发建设的小微企业创业园，建成后允许按土地使用权竞买时约定的股份比例登记到联合体名下，或分割转让到股东名下”等措施。

（五）融资方面。转贷基金使用更加务实。江苏省设立了服务小微企业的转贷基金，先期设立的各类企业过桥周转资金纳入转贷基金，基金服务对象为县（市、区）域小微企业，转贷规模以单户500万元以下为主。

（根据广东省经信委材料整理）

推进校企合作培养高级技术工人。实施“订单式”人才培养计划，每个重点制造业基地（园区）都有1所以上对口的职业院校并针对性开设相关专业，优先培养制造业急需的紧缺人才。实施职业教育提升计划、技能人才倍增计划、“南粤工匠”培养计划，对于校企合作成绩突出的企业，给予教育费附加和地方教育附加征收特殊优惠政策。

完善创新型科技人才选拔、考核、评价与奖励体系。建立以科技成果转化成效为主导的科技人才综合评价体系。继续探索推行技术、专利等知识产权入股制度和创新科技人才持股制度，打造国际性、高端化的“创新人才特区”。

创新“育才融智”机制。推行企业技能人才自主评价，企业资助评价所产生的培训、鉴定等费用可在职工教育经费中列支。对确有专业技能、业绩突出、贡献较大的职工，经企业认可后可破格晋升为技师或高级技师。落实人才“优惠卡”制度，向高层次人才、紧缺急需人才、专业技术人才、经营管理人才和技能人才发放“人才绿卡”，为人才在居留落户、子女入学、配偶安置等方面提供个性化的特色服务。

如何将战略性新兴产业培育成新支柱？

（一）培育战略性新兴产业是构筑产业体系的新支柱

战略性新兴产业代表新一轮科技和产业变革的方向，是培育新动能、构建现代化经济体系的重要抓手。习近平总书记在参加十三届全国人大一次会议广东代表团审议时强调："把新一代信息技术、高端装备制造、绿色低碳、生物医药、数字经济、新材料、海洋经济等战略性新兴产业发展作为重中之重，构筑产业体系新支柱。"中共广东省委十二届四次全会也指出，要加快发展战略性新兴产业，突出先导性和支柱性。广东要把握全球产业调整的新机遇，加快把战略性新兴产业发展壮大为新支柱产业，在建设现代化经济体系上走在全国前列。

1. 战略性新兴产业的内涵和特征

（1）战略性新兴产业的内涵。

战略性新兴产业是一个动态的概念，随着经济发展和技术发展所处的阶段不同，战略性新兴产业也会有所变化。

链　接

新兴产业

新兴产业是指承担着新的社会生产分工职能，具有一定规模和影响力，代表着产业结构转换的新方向，同时也代表着新的科学技术产业化水平，正处于产业自身生命周期的形成阶段的产业。新兴产业由于处在发展初期，具有很显著的不确定性，主要是技术不确定性与战略不确定性。

所谓战略性新兴产业，是指以重大技术突破和重大发展需求为基础，对经济社会全局和长远发展具有重大引领带动作用，知识技术密集、物质资源消耗小、成长潜力大、综合效益好的新兴产业。

链 接

战略性新兴产业与主导产业

主导产业是指在经济发展的一定阶段上，本身成长性很高，并具有很高的创新率，对一定阶段的产业结构升级转换具有重大的、关键性的导向作用和推动作用，对经济增长具有很强的带动性和扩散性，将来有可能成为支柱产业的产业。而战略性新兴产业是潜在的主导产业，也就是说，战略性新兴产业经过扶持培育，有可能向主导产业演变。

战略性新兴产业与支柱产业

支柱产业是指处于产业发展成熟阶段，在国民经济中占据较大比重，产业关联度大、劳动生产率高、市场扩张能力强，在整个经济结构中具有支柱地位的产业。支柱产业在一段时期内对国民经济发展起着支撑作用，但不一定能起到引导作用。而战略性新兴产业处于产业发展形成与成长阶段，虽不具有规模效益，但能够引领未来发展方向，经过发展壮大，有可能最终上升为支柱产业。

战略性新兴产业与高技术产业

高技术产业是指科技含量高、附加值高的产业。它既包括知识技术密集型的新兴产业，也包括经过高技术改造后的传统产业。战略性新兴产业属于技术密集、知识密集、人才密集的战略性高技术产业，但高技术产业不一定是战略性新兴产业。

（2）战略性新兴产业的特征。

高创新性。战略性新兴产业具有较高的创新性或创新吸收率，能够代表新技术发展方向，在产业内能够形成紧密技术关联的部门整体，并在相当长的一段时期内保持较强劲的技术竞争力。主要表现：一是产业的研究与开发（R&D）密集度高，二是产业劳动生产率高。

高成长性。高成长性是指市场需求潜力大，产业成长性强，增长速度大大高于全部行业平均水平，呈现非线性发展的态势。比如，在20世纪90年代，美国的电子信息产业年均增速达到15%，大大高于同期美国经济的增长速度。

高关联性。主要表现是产业链条长，对上下游产业具有很强的关联度，其发展对相关产业的发展具有巨大的带动作用。

高渗透性。战略性新兴产业在本身产出高效的同时，还能带动其他产业共同创造就业机会、提高社会消费水平、提升产业高度，从而使国家总体经济实力得以增强。战略性新兴产业中的产业技术能够广泛应用于传统产业和人们的生活中，不仅带动传统产业的技术升级，而且还能够延伸出许多新的经济增长点，使社会财富总量迅速增加。

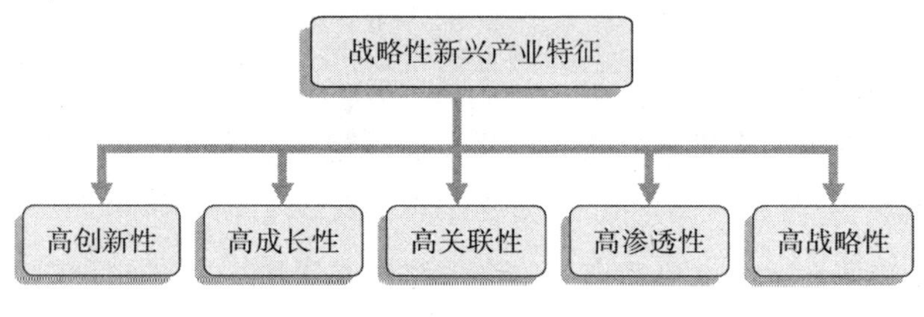

图 4－1　战略性新兴产业特征

高战略性。主要表现为在经济、社会发展中占有重要地位，能够体现国家（地区）的战略意图，对国民经济和社会未来发展具有先导作用；能够有效解决可持续发展面临的约束，为经济社会长期发展提供技术基础；在国际上一些重要的竞争性领域保持产业技术的领先地位。

2. **战略性新兴产业演化趋势**

近现代以来，战略性新兴产业的演变与技术革命、经济周期变动密切相关。自 18 世纪下半叶英国工业革命至今 200 多年来，世界经济的发展大致可以划分为五个长波周期。每一个长波周期几乎都对应着一次技术革命的爆发和大规模扩散，进而催生新的产业革命，并引发整个经济社会的结构性转变。

在第一个世界经济长波周期，以蒸汽机的发明和应用为标志，形成了第一次技术革命。发端于英国以蒸汽机为代表的基础技术创新，带动了早期蒸汽机械制造、机械化棉纺业、冶金等新兴产业的发展。

在第二个世界经济长波周期，产生了以铁路运输技术和炼钢技术的发明和应用为标志的技术革命。在某种程度上，前两个长波周期可以看作第一次技术革命两个接连发生的阶段，两者都是以蒸汽动力的应用为主要特征。蒸汽机的广泛使用，推动了机器制造业、钢铁工业、铁路运输业等新兴产业的蓬勃兴起。

在第三个世界经济长波周期，以电力、内燃机和化工技术的发明和应用为标志，爆发了划时代的第二次技术革命即电气革命。内燃机和电动机逐步取代蒸汽机，创造了电力与电器、汽车、石油化工等一大批新兴产业，同时大幅提升了机械、冶金等产业的发展水平。

表 4－1　经济周期、技术革命与新兴产业的演进

	第一个长波	第二个长波	第三个长波	第四个长波	第五个长波
各阶段起止时间	18 世纪 80 年代—19 世纪 40 年代中期	19 世纪 50 年代—19 世纪 90 年代末	19 世纪 90 年代—20 世纪 40 年代中期	20 世纪 40 年代后期—20 世纪 90 年代	20 世纪 90 年代至今
诱发的技术革命	以蒸汽机的发明和运用为标志的第一次技术革命	铁路运输技术以及炼钢技术的革命（第一次技术革命的延伸）	以电气革命为标志的第二次技术革命	以电子计算机的发明为主要标志的第三次技术革命，也是第一次信息技术革命	以互联网络的创新与应用为标志的第二次信息技术革命
显著的技术创新	蒸汽动力、机械化棉纺业、冶铁	铁路、交通运输业、冶金技术	电力、内燃机、电动机、汽车、化工	电子计算机、微电子、原子能、石化、航空	互联网络、生物工程、新能源、航天

（续表）

	第一个长波	第二个长波	第三个长波	第四个长波	第五个长波
新兴产业群	机械化的棉纺业、冶铁业、蒸汽机械制造业	蒸汽机和机器制造产业、钢铁产业、铁路修建业、铁路运输业、造船产业	电力设备工业、电器产业、汽车产业、石油化工产业	计算机产业、石化产业、原子能产业、合成材料产业、航空产业	互联网产业、人工智能、数字经济、新能源产业、生物工程产业、新材料产业、宇航产业

在第四个世界经济长波周期，以电子计算机、原子能、航空技术为标志，引发了第三次技术革命即电子革命，也是第一次信息技术革命。电子计算机、微电子、生物、航空和合成材料等领域新技术的创新和应用，带动了一批相关联的高技术新兴产业的崛起。

目前，全球正处于第五个经济长波周期，在2008年爆发全球金融危机之后，世界经济开始进入本轮“长波”的复苏阶段。在这一周期初始的繁荣期，随着互联网的高速发展，带来了第二次信息技术革命，并催生出互联网产业、数字内容产业等新兴产业。当前，新一轮科技革命和产业变革仍处在量变阶段和突破前夜，信息通信技术作为“通用目的技术”推动经济增长的潜力仍未完全释放。新一轮技术革命有可能成为互联网信息技术、人工智能技术、新能源技术、新材料技术、生物技术和社会发展（治理结构、文化价值观、新商务模式等）合成的革命，并将会加快物联网、数字经济、人工智能、智能制造、先进可再生能源、再生医学、共享经济等一批新兴业态的发展。

链 接

全球新一轮科技革命和产业变革趋势

未来5到10年，是全球新一轮科技革命和产业变革从蓄势待发到群体迸发的关键时期。

·信息革命进程持续快速演进，物联网、云计算、大数据、人工智能等技术广泛渗透于经济社会各个领域，信息经济繁荣程度成为国家实力的重要标志。

·增材制造（3D打印）、机器人与智能制造、超材料与纳米材料等领域技术不断取得重大突破，推动传统工业体系分化变革，将重塑制造业国际分工格局。

·基因组学及其关联技术迅猛发展，精准医学、生物合成、工业化育种等新模式加快演进推广，生物新经济有望引领人类生产生活迈入新天地。

·应对全球气候变化助推绿色低碳发展大潮，清洁生产技术应用规模持续拓展，新能源革命正在改变现有国际资源能源版图。

·数字技术与文化创意、设计服务深度融合，数字创意产业逐渐成为促进优质产品和服务有效供给的智力密集型产业，创意经济作为一种新的发展模式正在兴起。

（摘自《“十三五”国家战略性新兴产业发展规划》）

3. 发展战略性新兴产业是构筑广东产业体系新支柱的必然选择

（1）培育战略性新兴产业是广东构筑产业体系新支柱的

迫切需要。

产业体系的演进是主导产业、支柱产业的结构转换不断高级化的过程。改革开放 40 年来，广东经济的快速增长始终与主导产业快速更新相关。当前广东经济发展正处于爬坡过坎的关键阶段，亟须寻求引领经济增长的新支柱产业。新一代信息技术、高端装备制造等战略性新兴产业既是新技术、新业态、新模式最集中的领域，也是全面改造提升传统产业的重要支撑，因而加快扶持这类战略性新兴产业成长壮大为新支柱产业，持续提升广东产业和经济的综合竞争力，显得尤为紧迫。

（2）培育战略性新兴产业是广东经济迈向高质量发展阶段的必由之路。

在新时代背景下，广东经济已由高速增长阶段转向高质量发展阶段。然而，当前广东产业体系发展的结构性矛盾仍较为突出，产品低端供给过剩、高端供给不足。加快发展战略性新兴产业，有利于推进产业向价值链中高端跃升，优化要素配置，提升全要素生产率，提升产品和服务供给质量，从而补齐中高端供给短板，提高供给体系的质量和效率。

链接

“十三五”广东战略性新兴产业发展目标

力争到 2020 年，广东省新一代信息技术产业产值规模突破 3 万亿元，形成生物、高端装备制造、绿色低碳、数字创意等 3 至 4 个万亿元级支柱产业，战略性新兴产业增加值占 GDP 比重达到 16%。

· 高新技术企业争取达到1.5万家；高新技术产品产值占工业总产值比重超过43%。

· 高技术制造业增加值占规模以上工业增加值比重达到28%。到2020年，形成6个产值规模超100亿元的智能制造产业集聚区，智能装备产业增加值达到4000亿元。

· 云服务产业规模达到3000亿元，物联网产业市场规模达到7000亿元。

（摘自《广东国民经济和社会发展第十三个五年规划纲要》）

（3）发展战略性新兴产业是广东培育壮大新动能的重要抓手。

目前广东正处在新旧动能接续转换的关键时期，从过去主要依靠要素资源大规模投入的粗放式发展，向更多依靠创新驱动的集约式发展转变。转换时期广东的传统动能不断衰减，新动能发展仍显不足。为此需要加快培育战略性新兴产业，强化创新的引领作用，发展新技术、新业态、新经济，推动新兴产业成为经济社会发展和产业转型升级的新动能。

（二）广东战略性新兴产业的发展现状和不足

1. 广东战略性新兴产业发展现状

（1）新兴产业总体发展态势良好。

“十三五”时期，广东省以战略性新兴产业为主体的高技术制造业企业总量不断增加，资产规模日益扩大，效益不断提高。2016 年，广东规模以上高技术制造业企业由 2010 年的 4390 家增加到 6570 家；资产总计为 26969 亿元，约为 2010 年的 1.7 倍。高技术制造业数量的增加和资金的不断进入，使广东高技术制造业生产规模不断扩大。2016 年，广东高技术制造业增加值由 2010 年的 4850.59 亿元增加到 8475.25 亿元，约为 2010 年的 1.7 倍。

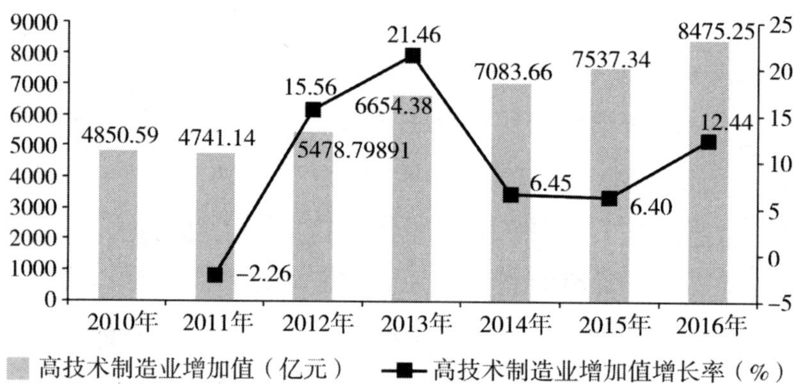

图 4－2　2010—2016 年广东省高技术制造业增加值

数据来源：广东省统计局。

从投入类指标看，2016 年广东高技术制造业从业人数占广东制造业从业人数的 28.1%，比 2010 年增加 3.8 个百分点。从产出类指标看，2016 年广东高技术制造业工业总产值、主营业务收入、工业增加值分别占广东制造业相应值的 30.9%、31.4% 和 29.7%，比 2010 年分别提高 3.9 个、3.9 个和 5.7 个百分点。从效益类指标看，2016 年广东高技术制造业利润总额、税金总额分别占广东制造业相应值的 27.9% 和 26.1%，比 2010 年提高 4.4 个和 9.7 个百分点。广东高技术制造业占广东工业比重接近四分之一，其发展有力地拉动了广东工业的增长。

表4－2　广东规模以上高技术制造业主要指标占广东规模以上制造业比重情况（%）

	2010年	2011年	2012年	2013年	2014年	2015年	2016年
企业数	12.1	12.5	13.2	14.5	14.7	15.1	15.8
工业总产值	27	26.9	28.7	28.8	28.9	29.9	30.9
工业增加值	24	24.5	26.9	27.9	28	28.4	29.7
资产总计	31.6	29.3	29.7	30.3	31.9	32.9	29.7
主营业务收入	27.5	27.1	28.5	28.5	28.5	30.1	31.4
利润总额	23.5	20.4	23.4	24.9	26	29.7	27.9
税金总额	16.4	25.8	23	23.1	22.5	22.1	26.1
平均从业人员	24.3	25.3	26.2	26.8	27.3	27.7	28.1

数据来源：广东省统计局。

（2）产业集聚效应明显。

广东战略性新兴产业主要集中在珠三角地区。近年来，随着粤东西北地区新兴产业发展，珠三角地区所占份额虽有所下滑，但绝对优势地位未变。2016年，珠三角地区以新兴产业为主体的高技术制造业总产值比上年增长10.3%，占广东高技术制造业增加值比重达94.6%。

战略性新兴产业中的高端装备制造业在珠三角地区高度集聚，形成了以广州、深圳、佛山为核心的汽车产业集聚发展区，以广州、深圳、珠海为核心的船舶和海洋工程装备业集聚发展区，以广州、江门为核心的轨道交通装备业集聚发展区，以珠海为核心的航空装备业集聚发展区，以广州、深圳、佛山为核心的智能制造装备业集聚发展区，产业链自我配套能力明显增强。

（3）部分细分行业处于全国“领头羊”地位。

以高端新型电子信息产业为例，广东省新一代通信、物联网、云计算和新型显示等高端新型电子产业迅速增长。2016 年，广东省电子信息制造业产值达 3.13 万亿元，约占全国的三分之一，连续 25 年排在全国首位。数据显示，这些产业集中分布在深圳、东莞、惠州和广州等市。其中，珠三角地区的产值占广东的比重约达 90%，产业优势明显，为珠江东岸电子信息产业走廊注入新的活力。

2. 广东战略性新兴产业发展的不足

（1）新兴产业尚未成为新支柱，规模实力仍较弱小。

广东省以战略性新兴产业为主体的高技术制造业部分行业发展迅速，但个别行业发展滞后，新兴产业总体尚未成长为新支柱。2016 年，广东高技术制造业六大分类行业中仅有电子及通信设备制造业各指标表现良好，除企业数、税金以外，该行业其他指标占规模以上制造业的比重均超过 20%。规模最小的信息化学品制造业、航空航天器及设备制造业两大分类行业的各类指标比重均不足 0.5%。

表 4－3　2016 年广东规模以上高技术制造业细分行业主要指标占广东规模以上制造业比重情况（%）

	工业增加值	产值	企业数	年末资产合计	主营业务收入	利润	税金	从业人员
信息化学品制造业	0.1	0.1	0.1	0.1	0.1	0.2	0.1	0.1
医药制造业	1.7	1.3	1.0	2.8	1.3	3.0	2.0	1.0

（续表）

	工业增加值	产值	企业数	年末资产合计	主营业务收入	利润	税金	从业人员
航空航天器及设备制造业	0.2	0.2	0.0	0.2	0.2	0.4	0.2	0.1
电子及通信设备制造业	24.5	25.1	11.7	27.3	25.6	20.2	18.8	22.6
电子计算机及办公设备制造业	2.1	3.4	1.7	3.1	3.4	2.6	1.3	3.2
医疗设备及仪器仪表制造业	1.1	0.8	1.3	1.4	0.8	1.6	0.8	1.2

数据来源：根据《广东统计年鉴2017》测算。

与广东支柱产业比较，战略性新兴产业差距较大。除电子及通信设备制造业外，2016年广东规模以上高技术制造业细分行业的工业增加值占比均未超过广东支柱产业占广东规模以上工业增加值的比重，广东战略性新兴产业尚未成长为新支柱。

表4-4　2016年广东部分支柱产业和高新技术产业规模以上工业增加值占比情况对比（%）

支柱产业	占比	高技术制造业	占比
计算机、通信和其他电子设备制造业	23.0	信息化学品制造	0.1
电气机械和器材制造业	9.6	医药制造业	1.6
汽车制造业	5.1	航空航天器及设备制造	0.2
化学原料和化学制品制造业	4.6	电子及通信设备制造业	22.3

（续表）

支柱产业	占比	高技术制造业	占比
纺织服装、服饰业	3.2	电子计算机及办公设备制造业	1.9
石油加工、炼焦和核燃料加工业	2.9	医疗设备及仪器仪表制造业	1.0

注：占比指各行业规模以上工业增加值占广东规模以上工业增加值的比重。

数据来源：根据《广东统计年鉴2017》测算。

（2）高新技术企业主导作用有待增强。

2017年，广东高新技术企业已达到了34万家，居全国首位，但是高新技术企业数量多、规模小，对产业的主导作用有限。以当下创新企业的典型代表“独角兽”企业为例，2017年全国“独角兽”企业估值中北京地区以171214.6亿元人民币、占比约43%的绝对优势位居第一，广东（全部在深圳）以3391亿人民币的估值、8%的占比位居全国第四，落

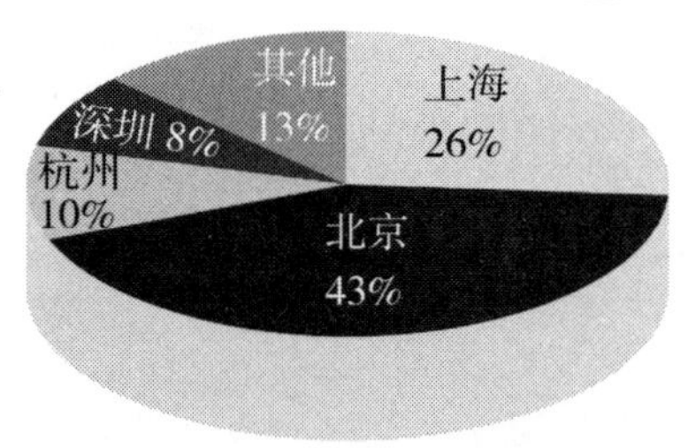

（1）估值地区占比图

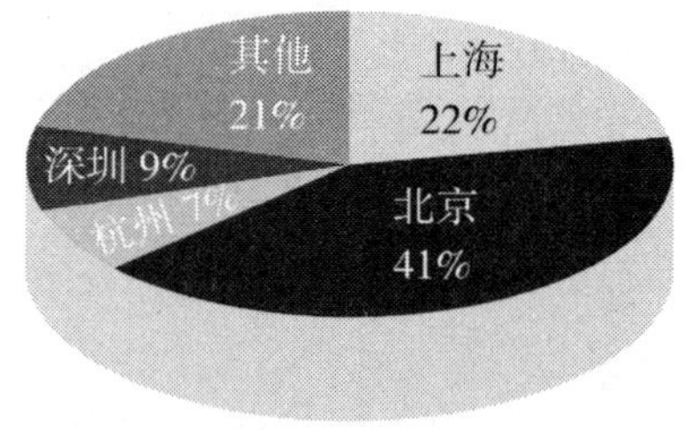

（2）数量地区占比图

图4-3　全国“独角兽”企业估值和数量地区占比图

后于北京、上海和杭州。对比“独角兽”企业数量，北京、上海、杭州和广东（深圳）的数量分别为66个、36个、11个和14个。综合总估值和企业数量，广东（深圳）的“独角

兽”企业单位估值远不及北上杭三地。可见，广东的高新技术企业仍然需要加快发展。

（3）核心技术和自主品牌缺乏，处于全球价值链中低端。

与国外相比，广东战略性新兴产业缺乏核心技术，品牌建设能力较差，处于全球价值链中低端。《广东省先进制造业发展“十三五”规划》显示：广东拥有自主核心技术的制造业企业不足10%，关键技术和零部件90%以上仍依赖进口；产业链条不完善。重大产业上下游和关联产业发展仍不匹配，主要装备制造产品的生产模式仍以购买为主，机器人、高档数控机床80%以上市场份额被国外产品占领。关键零部件产业发展相对滞后，缺乏必要的产业配套和产业链条衔接，使得广东战略性新兴产业产品成本较高，市场竞争力减弱。

（三）广东发展壮大战略性新兴产业的路径

路径一：把握全球技术革命趋势，超前谋划由前沿科技带动的新兴产业。

当前，全球以移动信息网络、云计算和大数据、人工智能技术、生物工程、新能源技术和空间技术等为代表的新一轮复合式技术创新面临重大突破，加速催生了一批新兴产业。广东要获取经济中长期增长的驱动力，必须着眼长远，超前谋划由前沿科技带动、具有重大引领带动作用的新兴产业和项目，优先发展高端先导型电子信息、生物医药与健康和新材料等前沿技术引领型新兴产业，集聚一批行业技术领航企业，引领新兴产业发展。

路径二：应对资源环境约束和低碳需求导向，发展绿色低碳新兴产业。

广东正处于重化工业后期，对能源消费的需求总量仍保持增长态势，但是原有的高消耗、低附加值的粗放增长模式已经不可持续。广东未来新兴产业的发展要以绿色低碳技术创新和应用为重点，加快发展先进核电、生物质能、高效光电光热、大型风电、高效储能、分布式能源等产业，加速提升新能源产品经济性，推动绿色能源发展。要全面提升新能源汽车整车性能与技术水平。还要大力发展“互联网＋”智慧能源，大幅提升新能源消纳能力。

链接

李毅中：“两化”融合推动创新，新兴产业主导未来

推进信息化和工业化深度融合，驱动引领科技创新和经济发展；新旧动能转换时期，发展新兴产业是新动能，改造提升传统产业也是新动能。

·国家层面要瞄准世界科技发展的趋向和制定中长期发展规划；地区和行业层面要组织做好区域特色科技攻关和行业共性技术攻关。

·参照国家总体战略性新兴产业，从地区资源、市场和产业基础出发，依托现有工业体系，发挥技术、装备、人才、品牌和市场优势，选取地方优势主导产业。

·积极培育、大力发展战略性新兴产业和高科技产业。

通过新一代信息技术推动、引领当下的高科技发展；注意发展各类尖端科学技术和它们相互之间的融合、交融产生的边缘科学、前沿科学，如人工智能、“互联网+”等。

（摘自国家工业和信息化部原部长李毅中在2017年第十四届中国企业发展论坛上的发言）

路径三：着力发展产业融合衍生的新兴业态，带动传统产业转型升级。

产业融合是当今世界产业发展的重要趋势。随着技术创新融合和市场需求的变动，旧有的产业边界正在逐步消融和模糊，并融合催生出许多新兴产业。综合考虑广东现有的产业基础和未来发展方向，应该着力发展信息化与工业化融合、新兴技术与传统优势产业融合、新兴技术间的相互融合、制造业与服务业融合等四大融合衍生的新兴产业和新型业态。

路径四：实施“海洋+”行动计划，开拓海洋经济发展新动能、新空间。

广东作为中国海洋大省和经济强省，在新旧产业和发展动能转换接续的关键期，应该从单纯的陆域经济转向富饶的海洋寻找新的发展动能。要大力发展“海洋+”新模式、新业态、新产业、新技术、新空间和新载体，加快形成以创新为引领和支撑的海洋经济发展新动能。加强海洋工程技术装备等重点领域的科技发展，完善海洋产业自主创新的政策体系和服务模式。

（四）广东战略性新兴产业发展的重中之重

科学选择战略性新兴产业非常关键。习近平总书记在参加十三届全国人大一次会议广东代表团审议时的重要讲话指出，广东“要更加重视发展实体经济，把新一代信息技术、高端装备制造、绿色低碳、生物医药、数字经济、新材料、海洋经济等战略性新兴产业发展作为重中之重”。这一要求既符合广东发展的实际，又贴合全球技术进步的方向及市场需求变动趋势。中共广东省委十二届四次全会也明确提出要重点发展这七大产业，力争将它们打造为战略性新兴支柱产业。

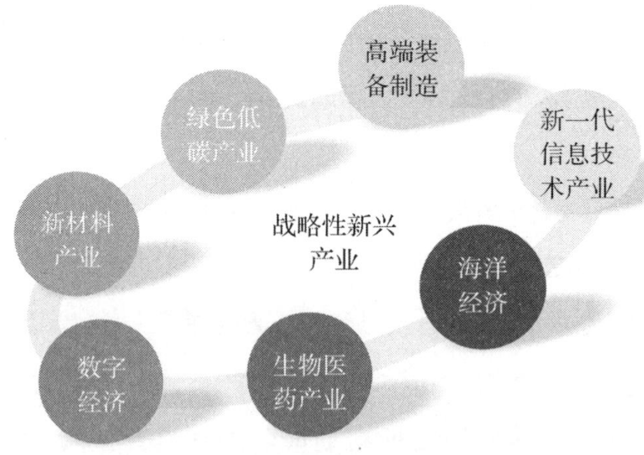

图 4－4　广东战略性新兴产业七大重点领域

1. 新一代信息技术产业

随着全球新一轮互联网革命进入爆发期，新一代信息技术产业成为抢占科技与产业制高点的战略先导领域。新一代信息技术的“新”体现在网络互联的移动化和泛在化、信息处理的集中化和大数据化、信息服务的智能化和个性化上。从国际视角来看，信息技术以群体涌现和协同融合的方式不断迭代创新，新一代信息技术产业链条正在不断拓展和延伸。其中，下一代通信网络、物联网、高性能集成电路、云计算和移动互联网将是新一代信息技术产业发展的重点领域。

链接

物联网

物联网指在物理世界的实体中部署具有一定感知能力、计算能力和执行能力的各种信息传感设备，通过网络设施实现信息传输、协同、控制和处理，从而实现广域或大范围的人与物、物与物之间信息交换需求的互联。互联网主要解决人与人之间的通信，而物联网则主要实现人与物、物与物之间的通信。从应用角度看，物联网大大扩展了互联网的应用，它被称为继计算机、互联网之后的世界信息产业第三次浪潮。

云计算

云计算指以提高资源利用率、降低信息技术成本为驱动的计算模式，包括使用者、提供者和开发者三类角色。使用者可在不具备专业知识的情况下通过网络以自服务的方式访问云中资源；提供者以按需使用、按量计费的方式通过网络提供动态可伸缩资源，资源以虚拟化、服务化的形式提供；开发者负责将各种软硬件资源封装成服务，负责服务的创建、发布和维护。

广东是全球电子信息产业的重要基地，具有发展壮大新一代信息技术产业的坚实基础。近年来，新一代信息技术产业在广东经济发展中的倍增效应不断加强，实现了高端电子信息制造业和互联网软件信息服务业的同步发展。珠三角地区成为全国乃至全球重要的通信设备、平板显示、计算机及外部设备、电子元器件、互联网和软件的研发、生产、出口基地，新一代信息技术产业发展全国领先，并持续加大发展力度。

未来 5 至 10 年，广东应把握新一代信息技术全面跨界融合、智能化发展加速和全方位产业生态竞争等新趋势，以实施网络强省战略为着力点，推进“数字广东”建设，努力抢占信息技术创新制高点，不断壮大产业规模和能级，打造万物互联、绿色智能、安全可靠的新一代信息技术产业体系，培育世界级新一代信息技术产业集群。力争到 2020 年，新一代信息技术产业产值规模突破 3 万亿元，发展壮大成为新兴支柱产业。

大力发展新一代信息网络产业。加快发展基于新一代移动通信和支持 IPv6 规范的网络设备、终端和关键芯片，突破以光通信为重点的下一代宽带网络核心技术，提升广东新一代信息网络设备及终端产品制造领先优势；推进 5G 关键技术研发及产品应用，加快 5G 试验网建设及商用进程。积极推进下一代互联网、物联网等新型网络产业发展。

提升整机产品与核心基础软硬件竞争力。面向下一代网络、云计算、工业互联网等新技术与应用体系，集中推进计算、存储、网络、终端等关键整机产品发展，鼓励电子信息产业整机企业向产业链上游发展。加快推进集成电路设计产业做大做强，逐步补齐集成电路产业制造、封装环节短板。推动“芯火”双创基地建设，构建“芯片—软件—整机—系统—信息服务”产业生态体系。发展新型显示关键技术，打造“材料—面板—模组—整机”纵向产业链。重点发展广东优势制造行业的工业核心软件，以及文化、教育、金融、医疗等领域的应用软件。

链接

着力打造集成电路制造“广东芯”

为做大做强高性能集成电路及关键元器件，广东省正着手实施核心技术突破工程，大力发展高端芯片核心技术。

实施集成电路设计协同创新计划，推动华为、浪潮、中国电子、科大讯飞、思科等龙头企业项目尽快落地，补齐集成电路产业链的短板。

支持海思、中兴微等芯片设计企业与科研院所加强合作，加快在 GPU、FPGA、DSP 等集成电路设计关键核心领域建立技术优势，实现集成电路设计从模仿学习向创新引领的提升。

加快集成电路制造生产线的布局，加紧推进中芯国际 12 英寸生产线、华星光电第 11 代线等重大项目建设。

支持赛意法、风华芯电等封测企业加快推进芯片测试、检测、封装等生产线建设，提升集成电路芯片、模块及系统级计量测试技术水平和其产业化规模。

重点建设广州国家集成电路设计封装产业基地、深圳国家集成电路设计制造基地、珠海广东省集成电路设计基地等三大集成电路产业集群。

（资料来源：广东省经济和信息化委员会）

做强做优超高清视频（4K）产业。突破面向智能电视的媒体融合和信息共享、智能图像处理及优化、DRA-3D三维音频编解码等关键技术。重点加强支持DRA等自主音视频技术的电视编解码芯片等的研发。加快开发4K及8K智能电视、面向三网融合的超高清一体机、家庭智能网关等产品。在全国率先创建4K电视网络应用试验区，打造若干新数字家庭示范小区，形成经验模式后进行推广。促进终端与应用服务紧密结合，创新业务运营模式，构建良好的4K生态。

培育发展人工智能产业。大力支持类人神经计算芯片、智能应用系统研究，重点研发类人智能、人机物融合等关键技术。建设支撑超大规模深度学习的新型计算集群，以及包括语音、图像、视频、地图等数据的海量训练资源库。以智能机器人、智能数控机床、智能网联汽车、无人机、无人船为重点，大力发展人工智能与制造业融合的核心技术。

链 接

广东新一代信息技术产业发展重大工程

（1）无线宽带城市群建设工程。依托建设超高速无线宽带局域网试点、公共领域WIFI网络覆盖等重大项目，加快高端无线路由器、新一代基站、网络安全等关键设备研发和产业化，积极培育第五代移动通信（5G）技术，进一步扩大

WIFI 热点覆盖和加快推进公共 WIFI 建设。

（2）物联网重大应用示范工程。大力推进物联网专业服务和增值服务应用示范、技术集成应用示范和技术支撑保障等重大项目建设，加快推进物联网网络及接入设备、芯片、智能终端等产品的研发及产业化，重点发展嵌入式芯片、射频识别、传感器和网络设备等物联网设备制造业。

（3）新一代平板显示创新发展工程。围绕建设新一代显示技术产业集聚区，突破低温多晶硅生产技术、激光显示技术，提升 8.5 代及以上薄膜晶体管液晶显示屏面板、4.5 代以上有源矩阵有机发光二极管面板生产能力、3D 显示技术与工艺水平。

（4）云计算应用创新工程。围绕建设全国云计算技术创新高地，加快开发具有自主知识产权的云计算操作系统、桌面云计算系统等云计算基础软件，加大低能耗芯片、高性能服务器、海量存储设备等核心云基础设备的研发和产业化，打造国际绿色云计算数据中心基地、全球云基础设备和云终端核心制造基地。

（资料来源：《广东省战略性新兴产业发展“十三五”规划》）

---

2. 高端装备制造产业

装备制造业是为国民经济和国防建设提供各种生产技术装备的制造业总称，是制造类产品的“工作母机”。高端装备制造业是装备制造业的高端领域，其特点是以高新技术为引领，处于价值链高端和产业链的核心环节，技术密集、附加值高、成长空间大、带动作用强。高端装备制造业的发展水平决定着一个国家（地区）产业链的整体竞争力。对广东而言，加快装备制造业的高端化、智能化是推动工业转型升级的关键，是实现“替代进口”的必行之策，也是实现由“制造大省”向“制造强省”战略转变的重要途径。

当前，随着信息技术、智能技术的快速发展，高端装备制造业正朝着信息化与工业化融合、新兴智能技术与传统装备制造业融合的方向转变。广东要依托汽车、造船、机械装备等优势制造业基础，通过信息网络技术、智能技术等渗透嫁接，大力发展智能、汽车、轨道交通装备、航空装备、卫星装备、数控装备、智能工业机器人等高端装备制造业。打造具有国际竞争力的世界高端装备制造业基地，引领广东制造业结构调整和转型升级，完成由制造业大省向制造业强省转变的战略任务。

大力发展装备智能制造。面向高端装备制造领域，发展智能制造单元、智能生产线、高档数控机床和工业机器人，提高重大成套设备及生产线系统集成水平。结合汽车、装备、电子信息、航空航天、纺织服装等广东优势产业特点，发展大规模个性化定制、云制造、智能物流管理。推进广东重点行业智能制造应用示范，在核电设备、风电设备、光伏发电成套设备、输变电重大装备、数控机床及系统、海洋工程设备、通信及电子设备 7 个关键领域，鼓励有条件的装备制造企业分类开展智能车间、智能工厂、智能企业试点。

链接

德国实施工业4.0战略，迈向智能制造时代

为了保持制造业的领先地位，2013年德国正式发布《保障德国制造业的未来：关于实施“工业4.0”战略的建议》，此后将“工业4.0”上升为国家级战略。德国学术界和产业界认为，未来10年，基于信息物理系统（Cyber－Physical System，CPS）的智能化，将使人类步入以智能制造为主导的第四次工业革命（工业4.0）。德国“工业4.0”战略的要点可以概括为：建设一个网络、研究四大主题、实现三项集成、实施八项计划（如下图）。

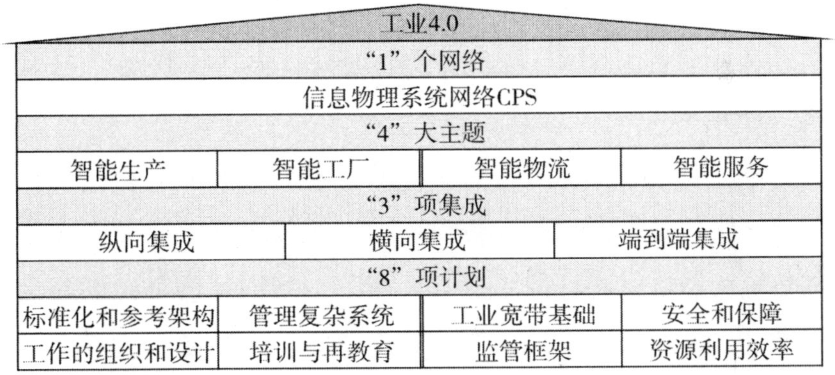

工业4.0			
“1”个网络			
信息物理系统网络CPS			
“4”大主题			
智能生产	智能工厂	智能物流	智能服务
“3”项集成			
纵向集成	横向集成	端到端集成	
“8”项计划			
标准化和参考架构	管理复杂系统	工业宽带基础	安全和保障
工作的组织和设计	培训与再教育	监管框架	资源利用效率

“工业4.0”战略的核心就是通过CPS网络实现人、设备与产品的实时连通、相互识别和有效交流，进而通过智能工厂、智能生产实现生产流程智能化，并整合整个制造和物流过程，实现数字化和基于信息技术的端对端集成，最终目标是通过信息网络与物理生产系统的融合，构建一个高度灵活

的个性化和数字化的智能制造模式，使德国成为先进智能制造技术的创造者和供应者，抢占国际制造业竞争制高点。

（内容经作者整理而得）

推进珠江西岸先进装备制造业带建设，培育高端装备制造全产业链。在研发设计环节，引进一批重点科研院所对接主要企业和行业龙头，提高装备制造业产品的研发水平，深化物联网技术在智能装备产业的应用，探索珠三角西岸各市联动协作，打造成为国家级、国际性装备制造业专业基地；在生产制造环节，通过“两化”深度融合、物联网、云计算和大数据应用等手段，推动装备制造业企业向智能制造、柔性制造、网络制造、绿色制造方向发展，在产品、技术、工艺、软件等各方面提升，鼓励龙头企业全产业链提升，鼓励主辅分离，向制造服务化和服务制造化方向发展。

以“一带一路”为契机，推动广东装备制造的国际产能合作。广东要发挥自身在轨道交通、通信工程等装备制造业的传统优势，积极对接“一带一路”沿线国家的基础设施建设需要，推动具有规模、技术等优势的重大装备和优势产能走出去，深化与扩大国际经贸合作。同时广东要构建国际产能合作中上下游协同链条，注重技术交流，做好后期维护服务，做到装备走出去与配套服务共同推进，实现产能合作和技术升级双丰收，推动广东由主要向欧美市场出口劳动密集型产品，转向对其他发展中国家、新兴市场出口高端装备制造产品以及输出资本、技术、标准的转变。

3. 绿色低碳产业

绿色低碳产业是指积极采用清洁生产技术，采用无害或低害的新工艺、新技术，大力降低原材料和能源消耗，实现少投入、高产出、低污染、低能耗，尽可能把对环境污染物的排放消除在生产过程之中的产业。

全球能源变革和中国产业绿色转型的发展要求，需要着眼生态文明建设和应对气候变化，以绿色低碳技术创新和应用为重点，引导绿色消费，推广绿色产品，大幅提升新能源汽车和新能源的应用比例，全面推进高效节能、先进环保和资源循环利用产业体系建设。《“十三五”国家战略性新兴产业发展规划》提出，推动新能源汽车、新能源和节能环保等绿色低碳产业成为支柱产业。《广东省战略性新兴产业发展“十三五”规划》提出，大幅提升新能源的应用比例，全面推进高效节能、先进环保、资源循环利用等产业体系建设。可见，未来一段时间广东绿色低碳产业的发展重点是新能源汽车产业、新能源产业、节能环保产业、资源循环利用产业。

推进新能源汽车快速发展。全面提升新能源汽车整车性能与技术水平。重点推进纯电、插电式混合动力、增程式电动汽车研发及产业化，鼓励发展特种用途、加速、短途纯电动汽车智能化技术应用创新，发展智能自动驾驶汽车。有序推进燃料电池汽车研发与产业化。构建具有全球竞争力的动力电池产业链，大力推进动力电池技术研发，着力突破电池成组和系统集成技术，超前布局研发下一代动力电池和新体系动力电池。

链接

锂离子动力电池成套生产装备实现突破

2017年12月，宁德时代新能源科技公司牵头的“锂离子动力电池数字化车间”通过项目验收，生产工艺和智能化程度达到国际先进水平。

锂离子动力电池是目前应用最为广泛的新能源汽车动力电池，稳定性和安全性要求高，制备过程复杂，包括极片制作、电芯装配和模组电池包等超过40道工序，核心生产技术一直掌握在世界少数几个国家手中。此次突破为我国新能源汽车行业加速发展提供了有力支撑。

锂离子动力电池是新能源汽车储能装置的主流方向，是新能源汽车的核心部分。锂离子电池的优势在于能量密度高、循环寿命长，技术难点在于材料的性能提升、电池数字化设计及高一致性的生产制造，未来的发展方向是通过材料性能提升、设计优化及精密制造等，实现电池比能量提高和安全性能的提升。

（资料来源：工业和信息化部《重大技术装备简报》2018年第3期）

推动新能源产业稳步发展。加快发展先进核电、高效光电光热、大型风电、高效储能、分布式能源等。依托核电项目建设，重点发展大型先进压水堆、高温气冷堆、快堆及后处理技术装备，提升关键零部件配套能力。重点发展大功率风电机组及关键零部件、风电场智能化开发与运维、海上风电场施工等领域关键技术与设备。加强新型高效低成本太阳能电池技术研发。加快完善氢能产业布局。积极推动生物质能、海洋能、地热能供热等多种形式的新能源的综合利用。大力发展智能电网技术，加快研发分布式能源、储能、智能微网等关键技术，大力发展“互联网+”智慧能源。

大力发展高效节能和先进环保产业。一是推进高效节能产业发展。鼓励研发并推广应用高效节能工业锅炉（窑炉）、电机系统、配电变压器等通用设备以及绿色照明、绿色建材、高效节能家电等节能设备（产品）。大力推动节能监测及能耗在线监测技术（装备）的研发和应用。二是加快先进环保产业发展。加快环保产业与新一代信息技术、先进制造技术深度融合。集中突破高浓度工业废水、挥发性有机物、土壤农药残留等一批关键治理技术，加快形成成套装备、核心零部件及配套材料本地化生产能力。积极发展高效生物菌剂与生物制剂、高效低耗生物工艺与装备以及生物—物化优化组合集成系统。推动在环境监测中卫星和物联网技术的应用。

链接

全球首套烧结烟气干式协同超净装备正式运行

2017 年 12 月 29 日，全球首套烧结烟气干式协同超净装备在宝武集团梅山钢铁股份有限公司 180m2 烧结机顺利通过 168 小时运行考核，并进入正式运行阶段，标志着全球首套可实现烧结烟气多污染物干式协同处理的超净装备正式诞生。

烧结烟气干式协同超净装备是一种主要利用循环流化床反应器和超滤布袋除尘器来实现烧结烟气中多种污染物高效

协同去除的装置。该装备使用后，不仅可实现 SO_2 排放浓度小于 35mg/Nm^3、粉尘排放浓度小于 5mg/Nm^3、NO_X 排放浓度小于 100mg/Nm^3，远低于京津冀大气污染传输通道城市大气污染物特别排放限值，而且能同步完成其他酸性气体、重金属等多污染物的高效协同脱除，整套系统不产生废水，烟囱无需防腐、排烟透明。相对传统的常规烟气净化装备，该装备除性能指标方面有较大提升外，其占地面积减少约 50%，投资成本降低 35% ~50%，运行成本降低 30% ~60%，大大提升了烟气净化的技术经济性。

（资料来源：工业和信息化部《重大技术装备简报》2018 年第 1 期）

深入推进资源循环利用。推广“互联网 + 回收”新模式，推动资源循环利用产业发展壮大。大力推动产业废弃物、共伴生矿和尾矿综合利用，加强对工业固体废弃物中战略性稀贵金属的回收利用。重点推进研发废弃太阳能光伏板、报废动力电池、废碳纤维材料等新型废弃物的资源化利用。加强机械产品再制造无损检测、绿色高效清洗、自动化表面与体积修复等技术攻关和装备研发，发展再制造产业。

4. 生物医药产业

生物医药产业成为全球最活跃的战略性新兴产业之一，以基因工程、细胞工程、酶工程、发酵工程等为代表的现代生物技术与医药产业的结合，引起了生物医药产业的重大变革。同时，随着医疗模式和健康观念的改变，健康需求日益多样化、高级化，生物医药与健康产业市场呈现出巨大的发展空间。

广东的生物医药产业居全国领先地位，初具规模的产业基础、丰富的生物资源、悠久的中药历史，为广东生物医药产业发展创造了较好的基础条件。广东应把握世界生物技术发展的最新趋势，走外引内联的道路，强化生物产业技术创新，加快基因检测、再生医学、分子育种、生物基材料、生物质能源等新技术转化应用，推动产业化进程。力争到2020年，广东生物医药产业产值规模突破6000亿元。

链接

广州生物医药产业强势崛起

2017年以来，一批国际级的生物医药创新型项目陆续落户广州：百济神州生物药项目正式落户中新广州知识城；通用电气医疗集团GE生物科技园项目在中新广州知识城破土动工；美国冷泉港实验室、巴塞罗那医学院等国际项目接踵而来，国际创新巨头落户所形成的“磁场”，已让广州在生物医药领域的创新初见成效。

广州生物医药产业的异军突起得益于广州市政府对生物医药领域的重视。2017年，广州市委、市政府确定实施IAB（新一代信息技术、人工智能、生物医药）产业发展战略，出台《广州市生物医药产业发展五年行动计划（2017—2021年）》，在IAB产业行动计划框架下聚焦生物医药产业。2018年1月17日，广州市政府常务会议审议并原则通过了《广州市加快生物医药产业发展实施意见》和配套文件《广州市加快生物医药产业发展若干规定及操作指南（暂行）》。相关文件的出台为生物医药产业的强势崛起提供了政策保障。目前，广州已经形成以国际生物岛、广州科学城、广州国际健康产业城为核心，各生物产业特色园区协调发展的“三中心多区域”的生物医药产业格局。

（资料来源：《信息时报》2017 年 12 月 18 日）

促进生物技术药物创新发展。大力发展高通量测序、基因编辑、基因合成、细胞治疗等先进技术。积极发展免疫原性低、稳定性好、靶向性强、长效、生物利用度高的重组蛋白药物和抗体药物。大力发展治疗性疫苗、重组疫苗等新型疫苗，推进部分免疫规划疫苗的升级换代。支持干细胞与再生医学领域关键技术研发和临床试验。加快临床急需的专利到期药物仿制。大力发展具有自主知识产权的原创中药新品种，推进名优中成药二次开发，做强特色南药，加快推进中药标准化。加大海洋生物技术产品、创新药物研发力度。

提升生物医学工程发展水平。发展符合网络化、数字化、移动化趋势的高性能医疗器械。重点发展光子、质子、重离子等高端治疗装置，以及医学影像设备、先进放射治疗设备、高通量基因测序仪、基因编辑设备、康复类医疗器械等医学设备。推进增材制造（3D 打印）等新技术的应用，继续加快组织器官修复和替代材料及植（介）入医疗器械产品创新和产业化，加速仿生医学、再生医学和组织工程技术发展。加速发展体外诊断仪器、设备、试剂等新产品，推动高特异性分子诊断、生物芯片等新技术发展。

加快生物农业产业化发展。围绕构建现代农业高效绿色发展新体系，力争在生物育种、生物农药、生物兽药等新产品开发与应用方面取得重大突破。开展基因编辑、分子设计、细胞诱变等关键技术创新与应用，培育和推广一批农业动植物新品种。研制一批新型动物疫苗、生物兽药、植物新农药、新型复合及专用绿色高效生物肥料等产品，发展良种培育、健康养殖、水产品精深加工、远洋渔业等，鼓励开发绿色、安全、高效的新型海洋生物功能制品。

加快生物制造规模化应用。加快发展微生物基因组工程、酶分子机器和细胞工程等新技术，推进生物基材料、生物基化学品、新型发酵产品等在化工、医药、轻纺、食品、能源等领域的规模化生产与渗透应用。发展新生物工具创制与应用技术体系，推动生物基聚酯等生物基材料的规模化发展。发展高效工业生物催化转化技术体系，提升绿色生物工艺应用水平。发展生物催化合成技术，实现医药化工等中间体绿色化、规模化生产。

大力培育生物服务新业态。支持转化医学、合同研发（CRO）、合同生产（CMO）服务，发展专业化第三方服务。完善产品检测评价认证体系。发展个性化健康检测评估、咨询服务、疾病康复等健康管理服务。依托物联网、大数据、云计算等技术手段，促进健康教育、电子健康档案、电子处方等智能医疗发展。推动形成“防治养”一体化的大健康产业，鼓励保健服务、保健产品开发并形成标准体系。

5. 数字经济

数字经济是继农业经济、工业经济之后新的经济形态。数字经济是指以数字化的知识和信息为关键生产要素，以数字技术创新为核心驱动力，以现代信息网络为重要载体，通过数字技术与实体经济深度融合，不断提高数字产业化及产业数字化水平，加速经济结构优化的一系列经济活动。

结合当前数字经济发展的重点任务，并考虑数字经济长远发展基础，数字经济体系框架可以概括为“一基四柱三保障”。“一基”指新的要素基础，包括数字技术创新能力，数据、数字人才等生产要素，网络基础设施演进升级等。“四柱”指工业、农业、服务业、公共服务的数字化转型，包括工业智能化转型、农业精准化生产、服务业数字化创新、公共服务数字化。“三保障”包括市场保障、治理保障、发展保障。

当前，中国数字经济正在进入快速发展新阶段。2016 年，中国数字经济规模达到 22.6 万亿元，同比增长 18.9%，占 GDP 比重达到 30.3%。其中，广东省在中国数字经济指数排行中以 79.63 稳居第一位。

广东发展数字经济具有坚实的基础。数字产业化方面，广东是全国信息通信产业大省，电子信息制造业、软件和信息服务业规模多年位居全国第一，网络数据资源全国领先，大数据、人工智能等新兴产业快速增长；产业数字化方面，制造业数字化转型步伐加快，服务业数字化日益深化，发展水平领先全国，并催生网络购物、移动支付、共享经济、“互联网 +”等数字经济新业态、新模式。

广东应抓住全球数字经济发展的重大机遇，以创新引领、数据驱动发展为核心战略，以“数字产业化、产业数字化”为发展主线，以数字技术与实体经济特别是制造业深度融合为主战场，积极培育数字经济新业态、新模式，促进互联网、大数据、人工智能与实体经济深度融合，推动广东加快向数字经济强省转变，争取用5到8年时间，将广东建设成为国家数字经济发展先导区、全球数字经济创新中心。

链接

珠三角国家大数据综合试验区加快建设

珠三角国家大数据综合试验区作为全国首批确定的跨区域类综合试验区，于2016年10月启动建设，在功能上形成“一区两核三带”的总体布局。“两核”是指以广州、深圳为核心。“三带”是指重点打造佛山、珠海、中山、肇庆、江门等珠江西岸大数据产业带；惠州、东莞等珠江东岸大数据产业带；并辐射全省，打造汕头、汕尾、阳江、湛江等沿海大数据产业带。

试验区力争在三个方向实现突破：一是打造大数据综合应用引领区，推进政务和民生领域的大数据应用；二是打造大数据创业创新生态区，推动基于大数据的创业创新，构建富有活力的大数据创业创新生态体系；三要打造大数据产业发展集聚区，建设大数据产业园，培育大数据骨干企业。

目前，广州、深圳、佛山等地跟大数据有关的产业园区正在加快建设。未来珠三角还将加快布局一批大数据产业园，并着力培育大数据龙头企业及创新型中小微企业，推动大数据产业集聚发展。

（资料来源：《南方日报》2016年10月26日）

推动大数据应用与创新发展。加快建设珠三角国家大数据综合试验区，培育和发展大数据技术及应用产业。围绕数据感知、传输、存储、安全、管理、统计、分析、挖掘等全流程，积极发展大数据有关硬件、软件、终端、内容与服务产业，构建完善的大数据产业生态体系。培育车联网、智慧医疗、智慧物流、第三方数据服务等交叉融合的大数据应用新业态、新模式。支持区块链等新兴数字技术的发展。深度融入粤港澳大湾区，打造全球大数据硅谷。

链接

工业互联网

工业互联网是新一代网络信息技术与现代工业融合发展的新产业和应用生态，是工业经济数字化、网络化、智能化的重要基础设施，是互联网从消费领域向生产领域、从虚拟经济向实体经济拓展的核心载体。

区块链

区块链（Blockchain）是分布式数据存储、点对点传输、共识机制、加密算法等计算机技术的新型应用模式。所谓共识机制是区块链系统中实现不同节点之间建立信任、获取权益的数学算法。区块链是一个分布在全球各地、能够协同运转的数据库存储系统，任何有能力架设服务器的人都可以参与其中。区块链的重要特征包括去中心化、开放性、自治性、信息不可篡改、匿名性。

重点提升制造业数字化水平。以《中国制造 2025》国家级示范区建设为重点，辐射带动全省，推进互联网、大数据、人工智能等信息技术在制造领域的全面渗透和深入应用，着力提升智能制造支撑能力，支持企业加快工业互联网平台建设和生态体系的打造，开展工业互联网创新应用示范，积极推进网络协同制造，探索个性化定制和服务型制造发展路径，推动广东制造业数字化、网络化、智能化转型。

链接

广东探索工业互联网发展新路径，支持企业“上云上平台”

2018年3月，广东在全国率先出台了《广东省深化“互联网+先进制造业”发展工业互联网的实施方案》和《广东省支持企业“上云上平台”加快发展工业互联网的若干扶持政策》。聚焦制造业降本提质增效，针对企业数字化转型升级过程中的痛点和难点，先“典型引路”——分行业打造工业互联网标杆示范项目，后“万箭齐发”——推动工业企业广泛“上云上平台”运用工业互联网技术转型升级，以应用促进工业互联网平台建设和产业生态创新发展。

目标：到2020年，初步形成影响力强的工业互联网先导应用模式，建成一批工业互联网应用标杆示范项目，推动1万家工业企业依托平台实施数字化、网络化、智能化升级，带动20万家企业“上云上平台”降低信息化构建成本，在全国率先建成完善的工业互联网网络基础设施和产业体系。

广东将按照“平台降一点、政府补一点、企业出一点”的原则，从11个方面对企业“上云上平台”、产业生态创新等予以支持，相关的扶持政策能让企业搭建和使用云平台的成本下降30%左右。

（资料来源：南方网2018年3月22日）

大力发展数字创意产业。适应沉浸式体验、智能互动等趋势，加强数字创意内容和技术装备协同创新。充分挖掘岭南优秀文化资源，拓展数字影音、动漫游戏、网络文学等数字内容产业空间。开展工业创新设计示范，支持基于智能制造、制造业服务化的工业设计新标准和新模式。推动数字创意在电子商务、虚拟现实、医疗卫生、旅游、文化、教育等各领域的应用，培育更多新产品、新服务和多向交互融合的新型业态，形成数字创意产业无边界渗透格局。

培育数字经济融合型新业态。大力推动信息技术和制造业、服务业融合创新，着力培育产业发展新动能，激发数字经济新活力。重点发展智能网联汽车、智能无人机、智能机器人和智能传感器等融合新产品、新领域；重点培育网络支付、新零售、共享经济、平台经济等融合新业态、新模式。

6. 新材料产业

新材料与信息、能源一起构成世界新技术革命的三大支柱，以纳米材料、超导材料、光电子材料、生物医药材料等为代表的新材料技术创新异常活跃。广东的新材料产业规模居全国前列，主要分布于广州、深圳、佛山等地，以外向出口型为主，产业集中度较高，下游产业拉动明显，形成了较为完整的产业链，在电子信息材料、陶瓷材料等领域具有较强优势，然而高性能材料仍主要依赖进口，关键技术受制于人。

广东应把握新材料技术高性能化、多功能化、绿色化发展趋势，以高端电子信息、生命科学、高端装备制造、节能环保等重点产业的发展需求为导向，推进新材料融入全球高端制造供应链，形成以广州、深圳为发展中心，珠三角地区为重点，分工明确、优势互补的发展新格局，尽快打造具有世界先进水平的新材料制造体系。

提升先进基础材料制造水平。加快推动先进基础材料工业转型升级，围绕基础零部件用钢铁材料，高强铝合金、高强韧钛合金、镁合金等有色金属材料，高端聚烯烃、特种合成橡胶及工程塑料等化工材料，以及先进建筑材料、先进轻纺材料等，大力推进材料生产过程的智能化和绿色化改造，重点突破材料性能及成分控制、生产加工及应用等工艺技术。

链接

纤维材料家庭部分成员

聚酰亚胺纤维

聚酰亚胺纤维因具有隔热性能好、耐老化、耐热、阻燃、抗熔滴等特点，主要应用于高温过滤、特种防护、阻燃隔热、功能复合材料、高速列车内饰装饰板材、特种工装、婴幼儿服饰及家纺等领域。江苏奥神新材料股份有限公司和长春高琦聚酰亚胺材料有限公司为国内代表性公司。

生物基聚酯 PTT 纤维

生物基聚酯 PTT 纤维是一种新型聚酯产品，具备锦纶的柔软性（但具有更好的色牢度）、腈纶的蓬松性（而避免了磨损倾向）、涤纶的抗污性（却有很好的手感），以及良好的弹性、常温染色等特点。国内的盛虹集团和张家港美景荣公司已成功打破国外企业对PTT核心技术的垄断。目前，国产PTT纤维已广泛应用于T恤、卫衣、牛仔、泳装等弹力服装。

壳聚糖纤维

壳聚糖纤维是一种重要的医用纤维，具有天然抑菌、防螨、保湿、快速止血等多种功能。海斯摩尔生物科技有限公司为国内该行业代表。终端产品已经应用于紧急医疗、消防救援、野外救援、运动伤害以及航空航天等领域。

推动关键战略材料规模应用。围绕新一代信息技术、生命科学、高端装备制造、节能环保等重点产业发展需求，重点发展高性能碳纤维、芳纶纤维等高性能纤维及复合材料，高性能永磁、高效发光、高端催化等稀土功能材料，宽禁带半导体材料和新型显示材料，可降解和可循环利用的节能环保材料，修复、维护人体各种组织和器官的生物医用材料，以及高端装备用特种合金、新型能源材料等，提高材料成品率和性能稳定性，实现产业化和规模应用，努力进入全球高端制造业供应体系。

加快前沿战略材料突破发展。把握新材料技术与信息技术、纳米技术、智能技术等融合发展的趋势，积极发展石墨烯、金属及高分子增材制造材料、形状记忆合金、自修复材料、智能仿生与超材料，以及液态金属、新型低温超导材料等，加快在前沿领域实现突破，积极做好前沿新材料领域知识产权布局，围绕重点领域开展应用示范，抢占未来新材料产业竞争制高点。

7. 海洋经济

21 世纪是海洋世纪，海洋经济成为全球经济的新增长点。海洋经济是指开发利用海洋资源的各类产业及其相关活动的总和，其主体是海洋产业及其相关产业。广东作为海洋经济大省，海洋经济总量连续 22 年位居全国首位。2016 年，广东海洋生产总值为 1.59 万亿元，占全国海洋生产总值的 22.5%，海洋三次产业结构为 1.8：41.8：56.4，传统优势海洋产业主要有高端滨海旅游业、海洋交通运输业、现代海洋渔业、海洋船舶工业等。

“十三五”乃至今后一段时期是广东海洋经济发展的战略机遇期。广东要立足现有海洋产业基础，依托丰富的海洋资源，围绕建设国家海洋经济综合试验区、打造海洋强省的目标，实施科技兴海战略，重点发展海洋生物医药、海水综合利用、海洋工程装备制造、深海资源开发、海洋电子信息、海上风电和海洋公共服务业等海洋新兴产业及高技术产业，构建具有国际竞争力的海洋产业新体系。在海洋新兴产业空间布局上，广东要按照分工合理、优势集聚、辐射联动的原则，整合空间资源，促进产业集聚，依托“三区、三圈、三带”的海洋综合开发新格局，统筹协调珠三角、粤东、粤西三大海洋经济区海洋新兴产业空间布局。

海洋生物医药业：推动以海洋药物、工业海洋微生物产品、海洋生物功能制品、海洋生化制品等为重点的研发和项目建设，推进海洋生物医药关键技术产业化，大力发展高科技、高附加值的海洋生物医药新产品。推进南海微生物药物资源库建设，加强南海生物基因资源的研究与开发利用，支持海洋生物医药、海洋生物功能制品等新产品的生产与使用。

海洋工程装备制造业：积极发展深海勘探和开发设备、海洋新能源开发设备、海洋环保开发设备、海水利用成套装备等海洋工程装备制造业。依托海洋工程装备基地建设，积极发展浮式生产储油卸油装置（FPSO）、自升式钻井平台等专业化海洋工程装备和操锚作业拖船（AHTS）等特色海洋工程辅助装备，培育发展液化天然气（LNG）船、邮轮和大型工程船等海洋高技术船舶制造业。

海水综合利用业：加快研发和推广海水综合利用的技术、工艺和装备，推进海水综合利用关键技术产业化。拓展海水利用领域，建立海水直接利用、海水淡化利用示范工程和示范区。完善和新建以海水冷却为主的工业用海水示范工程。积极开发海水化学资源和卤水资源及其深加工，尽快突破利用海水提取钾、镁等技术。建设大规模海水淡化和海水直接利用产业化示范工程和推广使用滤膜法海水淡化技术装备。

链 接

珠三角海洋高技术产业发展重点

（1）广州：依托广州国家生物产业基地、广州国际生物岛，培育壮大海洋生物医药产业、海洋生物技术产业和海洋信息服务业。建设南沙海洋科技创新基地，发展海洋微生物技术。重点建设南沙高端临海先进制造业基地，提升大型船舶制造基地自主设计制造能力，大力发展海洋工程装备制造业，把南沙建设成为世界级大型修造船和海洋工程装备制造基地。

（2）深圳：重点依托深圳国家生物产业基地，培育壮大海洋生物综合利用、海洋新材料等新兴产业；重点发展船舶和海洋工程装备制造业。

(3) 珠海：重点发展海洋生物医药、海洋可再生能源、海水综合利用等产业；重点发展临海重化产业，建设船舶与海洋工程装备制造基地和重化产业集群。

(4) 江门：重点培育发展海洋生物科技及精深加工、海洋生物育种和海洋新材料等产业；重点建设银湖湾中小型船舶及配套产业基地、广海湾—银洲湖临海工业集聚区。

(5) 东莞：重点培育海洋新材料、高端服务业、海洋现代信息等产业；大力发展海洋绿色新材料、专业物流、装备制造等产业，重点打造现代海洋物流产业和加工产业集聚区，适度发展船舶制造业。

(6) 中山：重点依托中山国家健康产业基地，发展海洋生物医药产业；重点建设临海装备制造基地、新能源产业基地和船舶配件装配制造基地。

(7) 惠州：重点培育发展海洋生物育种、现代海洋设施渔业等产业；重点建设临海石化基地，力争将惠州大亚湾石化区打造为世界级石化产业基地。

（资料来源：《广东省海洋经济发展“十三五”规划》）

海洋新能源产业：启动广东省海洋能资源普查工作，制定广东省海洋能资源开发利用规划。支持海洋风能、波浪能、潮汐潮流能关键技术研发。以海洋能发电为主，结合海水淡化、供暖、制冷和节能减排等综合利用项目，开展海洋生物质能技术研究开发和示范应用推广。支持海洋矿产的研究和开发，推进海洋石油、天然气和天然气水合物的勘探开发。

（五）把战略性新兴产业构筑成新支柱的策略

策略一：加强规划和政策引导，着力培育一批“独角兽”企业和龙头企业。

出台专项规划，重点扶持关系产业全局的战略性新兴产业重大项目和重点企业，争取尽快培育一批实力强、规模大、关联度高、辐射力强的新兴产业龙头企业。通过充分发挥龙头企业的扩散带动效应，发展一批新兴产业相关企业聚集发展，形成新的战略性新兴产业集聚群和创新技术集聚区。尽快形成“独角兽”企业的发展机制，着力培育支持一批创新能力强、成长速度快、发展前景好、具有自主知识产权的“瞪羚”企业乃至“独角兽”企业。

策略二：构建前沿技术预测机制，引导战略性新兴产业发展。

以国际视野和战略思维选择与发展战略性新兴产业。结合广东的资源禀赋、产业基础和技术优势，在科学预测与谨慎选择的基础上，推动技术发展预测与市场发展预测日益结合，技术选择与其产业发展日益结合，重视对竞争对手的预测。组织专门力量建立官方科技和产业发展信息数据库，跟踪世界先进国家和地区的科技和产业发展动态，预测全球市场消费趋势，定期发布关键技术报告，引导产业界的技术发展目标和走向。同时，根据技术进步与消费趋势适时动态地调整战略技术及产业发展目录。

链接

坚持政策引导与优化市场环境并举

——战略性新兴产业发展的“深圳模式”

一是加强顶层设计，实施创新战略。深圳市先后出台《深圳市战略性新兴产业发展“十三五”规划》《中国制造2025深圳行动计划》等规划，陆续出台了科技创新、企业竞争力提升、人才教育等“一揽子”政策，形成了较为完整的政策支持体系。把创新确立为城市发展主导战略，率先制定了“创新型城市”总体规划和“自主创新示范区”规划，编制了自主创新“33条”、创新驱动发展“1+10”等文件。

二是深化简政放权，提升服务能力。深入实施行政审批制度改革，取消、调整审批事项253项。充分运用大数据，加强政务信息共享，优化审批服务流程，提高办事效率。

三是创新资金使用，扶持企业发展。出台《新兴产业专项资金多元化扶持方式改革方案》，建立直接资助、股权资助和贷款贴息资助等方式并行的财政资金投入机制。

四是创新人才集聚，完善人才政策。面向全球引进创新人才，实施人才安居工程、“珠江人才计划”、“孔雀计划”等政策措施，解决人才后顾之忧。

五是发挥龙头牵引作用，完善产业链条。龙头企业对标国际先进水平，建立顶尖研发平台，促进产业高端化发展。各类特色中小型企业围绕行业龙头开展产业配套服务，推动相关产业链不断向上下游延伸。

六是吸引资本集聚，提升产融服务。利用金融创新、深港资本合作等优势，通过市场规则、市场价格、市场竞争引导资金配置，激发投资机构的自主性、积极性，形成了资金集聚的“磁吸效应”。

七是发挥区位优势，推进区域协作。例如充分利用香港科技、人才等资源和深圳创新企业集群优势，大力推进“深港创新圈”建设，实现深港两地在人才、科技和产业等方面的优势互补。

策略三：依托现代金融，完善新兴产业投融资体系。

加强战略性新兴产业的金融支持服务。积极推动科技资本市场建设，优先支持战略性新兴产业的龙头企业上市和发行债券。对战略性新兴产业发展所需核心技术和关键设备的引进提供融资支持。利用专项资金、贴息、担保等方式，引导各类商业金融机构对重点项目积极给予信贷支持。加快完善战略性新兴产业的创业投资体系。设立创业投资引导专项资金，通过参股、融资担保、提供配套投资等方式，吸引国内外资金来广东开展新兴产业的创业投资业务。

策略四：探索多元化渠道，建设战略性新兴产业人才支撑体系。

探索现代金融与人力资本协同发展模式，战略性新兴产业人才可以让其专利、发明、技术等要素投资入股并参与分配。通过项目资助、培训费用共担等方式，加快培养一批技术创新拔尖人才和创新团队；引导高校专业调整和设置，重点培养战略性新兴产业所需的工程技术人才和综合型管理人才。统筹设立广东省战略性新兴产业人才发展专项资金，用于资助引进高层次创新人才和紧缺人才。

五

科技创新如何支撑现代化产业体系建设？

（一）认识到位：创新的重要意义

1. 新时代创新的基本内涵

（1）什么是科技创新？

创新是指以现有的知识和物质，在特定的环境中，改进或创造新的事物（包括但不限于各种方法、元素、路径、环境等等），并能获得一定有益效果的行为。

科技创新是原创性科学研究和技术创新的总称，是指创造和应用新知识和新技术、新工艺，采用新的生产方式和经营管理模式，开发新产品，提高产品质量，提供新服务的过程。

科技创新可以分成三种类型：知识创新、技术创新和管理创新。

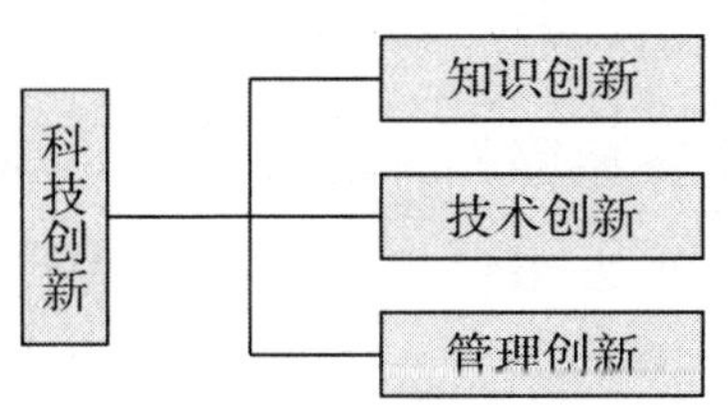

图 5－1　科技创新的三种类型

科技创新涉及政府、企业、科研院所、高等院校、国际组织、中介服务机构、社会公众等多个主体，包括人才、资金、科技基础、知识产权、制度建设、创新氛围等多个要素，是各创新主体、创新要素交互作用下的一种复杂现象，是一类开放的复杂巨系统。

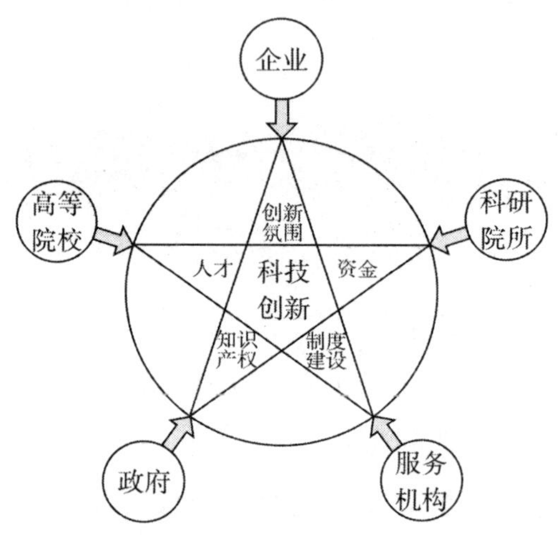

图 5－2　科技创新的主体和要素

（2）如何把握新时代的科技创新？

坚持在全球视野和历史纵深中把握科技创新的重要性。

科技创新必须具有全球视野，积极主动整合和利用好全球创新资源。习近平总书记高度重视世界大国兴衰更替的历史经验，指出创新不足和技术停滞也是罗马帝国、波斯帝国、阿拉伯帝国、奥斯曼帝国等古代大帝国最终走向衰败和解体的重要原因。

习近平总书记突出强调，我们面临的机遇不再是简单纳入全球分工体系、扩大出口、加快投资的传统机遇，而是倒逼我们扩大内需、提高创新能力、促进经济发展方式转变的新机遇，从而赋予战略机遇期以深刻的科技创新内涵。

坚持从实际国情出发，全面提出科技创新重点领域。

习近平总书记明确指出，既要从当代科学发展的大趋势出发，努力在物质结构、宇宙演化、生命起源、意识本质等基础研究领域的一些重大科学问题上开辟新前沿新方向，要准确把握并着重强调量子调控和人造生命等基础研究对人类社会的重要意义，又要从科学与技术的协同发展上。

要高度重视新一代信息技术以及围绕新能源、气候变化、空间、海洋开发的技术创新和新兴产业发展，重视信息技术、生物技术、制造技术、新材料技术、新能源技术广泛渗透带来的以绿色、智能、泛在为特征的群体性重大技术变革。技术创新和新兴产业发展，强调推动群体性重大技术变革，延伸科技创新链条，促进产业更新换代，使社会生产和消费从工业化向自动化、智能化转变。

还要特别关注水资源、能源安全、农业发展以及海洋科技、大型客机等突出问题，强调深地、深海、深空以及先进材料、创新药物研发等的关键领域。

坚持以科技创新与产业发展相结合。

科技革命必然引发产业革命，科技创新要面向经济社会发展主战场，转化为经济社会发展第一推动力，转化为人民福祉。紧紧抓住当代产业技术变革中一些带动性强、影响面大、能够代表一国综合实力的核心关键技术，要求把我国机器人水平提高上去，尽可能多地占领市场。

坚持推动科技体制改革，激发创新活力。

科技管理体制改革的方向是为实施创新驱动发展战略建立一个好的体制保障，做好“三个分工”和“一个加强”，即政府和市场分工、中央各部门功能性分工、中央和地方分工，同时加强党对科技工作的领导。

坚持人才资源是第一资源。

科技创新必须建设一支规模宏大、结构合理、素质优良的创新人才队伍。习近平总书记强调，人才以用为本，要因类施策，重点用好科学家、科技人员和企业家，放手使用人才，通过各种途径方式为他们发挥作用创造条件，为人才发挥作用、施展才华提供更加广阔的天地。

链接

科技创新关键词

1. 创新驱动发展战略：党的十八大明确提出“科技创新是提高社会生产力和综合国力的战略支撑，必须摆在国家发展全局的核心位置”，强调要坚持走中国特色自主创新道路、实施创新驱动发展战略。实施创新驱动发展战略，就是要推动以科技创新为核心的全面创新，坚持需求导向和产业化方向，坚持企业在创新中的主体地位，发挥市场在资源配置中的决定性作用和社会主义制度优势，增强科技进步对经济增长的贡献度，形成新的增长动力源泉，推动经济持续健康发展。

2. “非对称”赶超战略：2013 年 8 月 21 日，习近平总书记在听取科技部汇报时的讲话率先提出“非对称”赶超战略。要求充分利用自身独特的结构性优势和资源禀赋，在转型变化的重要历史时刻，准确捕捉到重大战略机遇，以己之长、攻人之短，甚至利用重大科技创新历史机遇变不利为有利，进而实现赶超。

3. 中国制造 2025：是我国实施制造强国战略第一个十年的行动纲领。提出坚持“创新驱动、质量为先、绿色发展、结构优化、人才为本”的基本方针，坚持“市场主导、政府引导，立足当前、着眼长远，整体推进、重点突破，自主发展、开放合作”的基本原则，通过“三步走”实现制造强国的战略目标。

4. 国家自主创新示范区：经国务院批准，在推进自主创新和高技术产业发展方面先行先试、探索经验、做出示范的区域。2014 年 6 月，深圳国家自主创新示范区成为第四个建设国家自主创新示范区，成为我国首个以城市为基本单元的国家自主创新示范区。2015 年 11 月 3 日，国务院正式下发《关于同意珠三角国家高新区建设国家自主创新示范区的批复》，广州、珠海、佛山、惠州仲恺、东莞松山湖、中山火炬、江门、肇庆等 8 个国家高新区获批建设国家自主创新示范区（统称珠三角国家示范区）。

5. 互联网 +：把互联网的创新成果与经济社会各领域深度融合，推动技术进步、效率提升和组织变革，提升实体经济创新力和生产力，形成更广泛的以互联网为基础设施和创新要素的经济社会发展新形态。

6. 创客：最早来源于英文单词“Maker”，指出于自身兴趣与爱好，努力把各种创意转变为现实，同时希望实现创意的知识产权价值最大化的创新创业者。

7. 四创联动：创新、创业、创投、创客的联动。

8. 众创空间：顺应用户创新、大众创新、开放创新趋势，把握互联网环境下创新创业特点和需求，通过市场化机制、专业化服务和资本化途径构建的低成本、便利化、全要素、开放式的新型创业服务平台。

9. 四新经济：新技术、新产品、新业态和新模式。

10. 双创：大众创业、万众创新。

（3）新时代科技创新的方向。

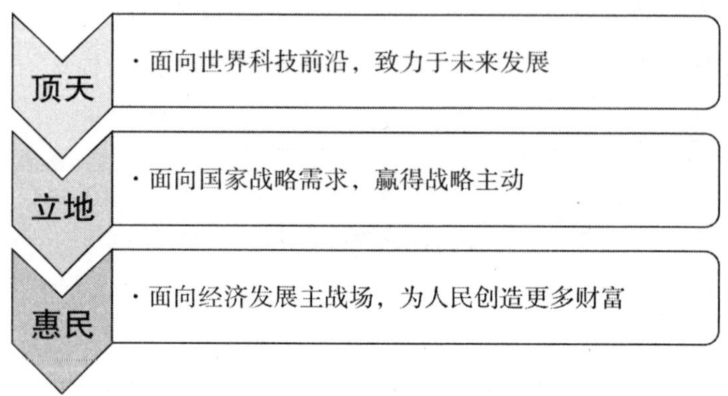

图 5－3 科技创新要坚持“三个面向”

面向世界科技前沿。坚定创新自信，坚定敢为天下先的志向，在独创独有上下功夫，勇于挑战最前沿的科学问题，提出更多原创理论，作出更多原创发现，力争在重要科技领域实现跨越发展，跟上甚至引领世界科技发展新方向，掌握新一轮全球科技竞争的战略主动。

面向经济发展主战场。围绕产业链部署创新链，聚集产业发展需求，集成各类创新资源，着力突破共性关键技术，加快科技成果转化和产业化，培育产学研结合、上中下游衔接、大中小企业协同的良好创新格局。服务经济社会发展主战场，加快推进科研成果转化，完成从科学研究、实验开发、推广应用的“三级跳”，真正实现创新价值，实现创新驱动发展。

面向国家战略需求。科技创新必须把国家重大战略需求放在首位，为国家发展和民族复兴作出卓越贡献。把重要领域的科技创新摆在更加突出的位置，实施一批关系国家全局和长远发展的重大科技项目，在战略必争领域打破重大关键核心技术受制于人的局面，开辟新的产业发展方向和重点领域，培育新的经济增长点，真正掌握竞争和发展的主动权，从根本上保障国家经济安全、国防安全和其他安全。

链 接

什么是核心技术？

习近平总书记说："什么是核心技术？我看，可以从三个方面把握。一是基础技术、通用技术。二是非对称技术、'杀手锏'技术。三是前沿技术、颠覆性技术。在这些领域，我们同国外处在同一条起跑线上，如果能够超前部署、集中攻关，很有可能实现从跟跑并跑到并跑领跑的转变。"

2. 科技创新是广东实现"四个走在前列"目标的必然要求

（1）科技创新是广东抢抓新科技革命和产业变革历史机遇的战略举措。

当前，全球新一轮科技革命和产业变革孕育兴起，广东既面临赶超跨越的难得历史机遇，也面临差距拉大的严峻挑战，唯有加快实施创新驱动发展战略，全面增强科技创新能力，力争在重要科技领域实现跨越发展，才能在新一轮全球竞争中赢得战略主动。

（2）科技创新是广东经济增长新旧动能转换的关键。

新旧动能的转换是指旧的发展红利消失，要用新的动能来替代。经过40年的高速发展，随着劳动力、资源能源和环境保护等成本的持续上升，广东以往靠要素成本优势驱动的经济增长方式已无太大空间，所以大量投入资源和消耗环境的发展老路难以为继。要摆脱传统经济的局限，突破自身发展的瓶颈，解决转型升级的难题，创新发展是根本办法，科技创新是强大引擎。推动新旧动能转换，必须牢固树立“抓创新就是抓发展，谋创新就是谋未来”的创新发展理念。

（3）科技创新是广东建设现代化产业体系的战略支撑。

现代化产业体系的根本动力源是科技创新。广东建设现代化经济体系，要积极顺应和牢牢把握新科技革命和全球产业变革的大趋势，坚定不移贯彻创新发展理念，建立以企业为主体、市场为导向、产学研深度融合的技术创新体系，倡导创新文化，强化知识产权保护，支持大众创业、万众创新，以高水平的科技创新作为支持，发挥科技创新对构建现代化产业体系的独特作用，使科技创新成为产业升级的持续驱动力。

（二）趋势把握：创新的发展趋势

1. 新一轮科技革命和产业变革

18 世纪以来，历次产业革命都有一些共同特点：

· 有新的科学理论作基础；

· 有相应的新生产工具出现；

· 形成大量新的投资热点和就业岗位；

· 经济结构和发展方式发生重大调整并形成新的规模化

经济效益；

·社会生产生活方式有新的重要变革。

链 接

新一轮产业革命的内涵及特征

国务院发展研究中心主任李伟指出，新一轮产业革命的内涵可以概括为“一主多翼”。

“一主”，是指数字化、网络化、智能化技术的创新发展和广泛深度应用；“多翼”，是指能源技术、材料技术和生物技术等的创新发展及其应用。

“一主”和“多翼”之间还体现出交叉融合、群体发展的协同效应。

目前来看，新一轮产业革命将呈现出三大特征：

一是从生产方式看，将呈现数字化、智能化、个性化、本地化、绿色化特征；二是从分工方式看，将呈现制造业服务化、产品链一体化、产业链分工细分化特征；三是从产业组织方式看，将呈现网络化、平台化、扁平化特征。

（资料来源：《创新与绿色如何引领新常态》，《新经济导刊》2016 年第 5 期）

进入 21 世纪以来，新一轮科技革命和产业变革正在孕育兴起，全球科技创新呈现出新的发展态势和特征。学科交叉融合加速，新兴学科不断涌现，前沿领域不断延伸，物质结构、宇宙演化、生命起源、意识本质等基础科学领域正在或有望取得重大突破性进展。信息技术、生物技术、新材料技术、新能源技术广泛渗透，带动几乎所有领域发生了以绿色、智能、泛在为特征的群体性技术革命。传统意义上的基础研究、应用研究、技术开发和产业化的边界日趋模糊，科技创新链条更加灵巧，技术更新和成果转化更加快捷，产业更新换代不断加快。科技创新活动不断突破地域、组织、技术的界限，演化为创新体系的竞争，创新战略竞争在综合国力竞争中的地位日益重要。科技创新，就像撬动地球的杠杆，总能创造令人意想不到的奇迹。当代科技发展历程充分证明了这个过程。①

链 接

美国的 AMP2.0

全球金融危机之后，美国政府重新关注制造业问题。美国总统科技顾问委员会 PCAST 于 2011 年、2012 年先后提出《保障美国在先进制造业的领导地位》以及第一份 AMP 报告《获取先进制造业国内竞争优势》。到了 2014 年 10 月，该委员会又发布了《加速美国先进制造业》，该报告俗称 AMP2.0。美国在前后两份 AMP 制造业报告中，都明确提出了加强先进制造布局的理由，那就是通过规划系列《先进制造伙伴计划》，保障美国在未来的全球竞争力。

德国的工业 4.0

工业 4.0 是由德国政府《德国 2020 高技术战略》中所提

① 《在中国科学院第十七次院士大会、中国工程院第十二次院士大会上的讲话》，2014 年 6 月 9 日，人民出版社 2014 年版，第 5－6 页。

出的十大未来项目之一。“工业4.0”项目主要分为三大主题：

一是“智能工厂”，重点研究智能化生产系统及过程，以及网络化分布式生产设施的实现。

二是“智能生产”，主要涉及整个企业的生产物流管理、人机互动以及3D技术在工业生产过程中的应用等。该计划将特别注重吸引中小企业参与，力图使中小企业成为新一代智能化生产技术的使用者和受益者，同时也成为先进工业生产技术的创造者和供应者。

三是“智能物流”，主要通过互联网、物联网、物流网，整合物流资源，充分发挥现有物流资源供应方的效率，而需求方，则能够快速获得服务匹配，得到物流支持。

---

2. 科技创新发展的新趋势

趋势一：移动互联网、智能终端、大数据、云计算、高端芯片等新一代信息技术发展将带动众多产业变革和创新。

未来几十年，新一轮科技革命和产业变革将同人类社会发展形成历史性交汇，工程科技进步和创新将成为推动人类社会发展的重要引擎。信息技术成为率先渗透到经济社会生活各领域的先导技术，将促进以物质生产、物质服务为主的经济发展模式向以信息生产、信息服务为主的经济发展模式转变，世界正在进入以信息产业为主导的新经济发展时期。①

---

① 国家主席习近平2014年6月3日在人民大会堂出席2014年国际工程科技大会并发表题为《让工程科技造福人类、创造未来》的主旨演讲。

链接

什么是新一代信息技术？

所谓新一代信息技术，是指以物联网、云计算、大数据、人工智能为代表的新兴技术，它既是信息技术的纵向升级，也是信息技术的横向渗透融合。

新一代信息技术，主要“新”在以下四个方面：

一是万物都能互联。过去人类实现了人与人相连，未来将实现人与物、物与物相连，进入万物互联时代。例如，通过可穿戴设备，能够远程监测病人、老人的体征。

二是集中处理信息。云计算通过统一调配计算和存储资源，能高效率地满足用户需求。

三是大数据技术成为主流。大数据技术能有效挖掘大规模数据中隐藏的有用信息和知识，将得到普遍使用。例如，通过大数据技术分析，时尚品牌ZARA能够预测消费者的喜好，一年提供12000款时装。

四是服务的智能化。过去信息化的主要成就是数字化和网络化，今后信息化的发展趋势是智能化。

趋势二：围绕新能源、气候变化、空间、海洋开发的技术创新更加密集。

推动能源技术革命，带动产业升级，就是要立足我国国情，紧跟国际能源技术革命新趋势，以绿色低碳为方向，分类推动技术创新、产业创新、商业模式创新，并同其他领域高新技术紧密结合，把能源技术及其关联产业培育成带动我国产业优化升级的新增长点。[①]

链 接

新能源

新能源指煤、石油、天然气等常规能源之外人们所能利用的能量形式。目前，人类已经发现了一些可供选择的新能源形式，不过其中有一些仍然是不可再生的化石能源，如页岩气、页岩油、可燃冰等，可以为我们当下解决能源问题提供新的可能性，但这些能源迟早也会被消耗殆尽。出于长远考虑，人们提出了发展可再生的清洁能源，例如太阳能、风能、海洋能、生物能等。除了这些，还有一种新能源是原子能。

气候变化

气候变化指长时期内气候状态的变化，通常用不同时期的温度和降水等气候要素的统计量差异来反映，差量值越大，表明气候变化的幅度越大，气候状态越不稳定。其变化可以是最长的几十亿年乃至最短的年际变化。

趋势三：绿色经济、低碳技术等新兴产业蓬勃兴起。

绿色科技成为科技为社会服务的基本方向，是人类建设美丽地球的重要手段。能源技术发展将为解决能源问题提供

① 《在中央财经领导小组第六次会议上的讲话》（2014 年 6 月 13 日）。

主要途径。[①]

链 接

绿色经济

绿色经济有两种含义：第一种指经济要环保，要求经济活动尽量不以牺牲环境为代价；第二种指环保要经济，环境保护可以成为经济利润的一个来源，例如发展环境污染治理、环境基础设施建设、新能源开发、绿色食品研发等新型经济形式。

低碳技术

低碳技术指能有效降低人类活动碳排放的技术。它涉及电力、交通、建筑、冶金、化工、石化等部门，主要包括可再生能源及新能源开发、煤的干净高效应用、油气资源和煤层气的勘察开发、二氧化碳捕获与埋存等新技术。

低碳技术可分为三个类型：第一类是减碳技术，指高能耗、高排放领域的节能减排技术，煤的清洁高效利用、油气资源和煤层气的勘探开发技术等。第二类是无碳技术，如核能、太阳能、风能、生物质能等可再生能源技术。第三类是去碳技术，典型的是二氧化碳捕获与埋存技术（CCS）。前两类是从源头入手，就是我们传统意义上的节能减排，而第三类主要是优化污染物的处理方式，虽然不能从根本上解决问题，但实现起来会容易一些。

---

① 国家主席习近平2014年6月3日在人民大会堂出席2014年国际工程科技大会并发表题为《让工程科技造福人类、创造未来》的主旨演讲。

趋势四：生命科学、生物技术带动形成庞大的健康、现代农业、生物能源、生物制造、环保等产业。

生物学相关技术将创造新的经济增长点，基因技术、蛋白质工程、空间利用、海洋开发以及新能源、新材料发展将产生一系列重大创新成果，拓展生产和发展空间，提高人类生活水平和质量。①

表 5－1　2017 新兴技术的优先矩阵

时间	成为主流所需要的时间			
	少于 2 年	2 至 5 年	5 至 10 年	超过 10 年
转型		增强数据挖掘 认知专家顾问 深度学习 边缘计算 商业无人机 物联网平台 机器学习 软件定义安全	深度强化学习 数字孪生 区块链 认知计算 对话用户界面 碳纳米管电子 智能工作空间 虚拟助理	4D 打印 通用人工智能 自动驾驶 脑机接口 人类技能增进 智能微尘
高		商业无人机	5G 增强现实 互联家庭 神经形态硬件 智能机器人	量子计算
中		无服务器 Paas 虚拟现实	企业分类法和本体管理	立体显示
低				

数据来源：Gartner2017 年 7 月。

① 《让工程科技造福人类、创造未来》，《人民日报》2014 年 6 月 4 日。

3. 广东科技创新的重点领域

（1）九大重大科技专项。

充分发挥重大科技专项的引领和带动作用，着力突破一批关键核心技术，研发推广一批重大战略产品，转化应用一大批重大科技成果，培育壮大一批创新型产业集群和龙头骨干企业。

链接

广东省重大科技专项

1. 计算与通信集成芯片。
   移动互联关键技术与器件。
2. 云计算与大数据管理技术。
3. 智能机器人。
4. 新能源汽车电池与动力系统。
5. 增材制造（3D 打印）技术。
6. 新型印刷显示技术与材料。
7. 第三代半导体材料与器件。
8. 精准医学与干细胞。
9. 无人智能技术。

（2）八项重点产业技术体系。

推进重点产业领域关键环节的技术攻关，强化科技创新推动产业向中高端发展的支撑作用。

表 5－2　广东的产业技术体系

技术体系	重点内容	重点领域
新一代信息技术	以创建自主品牌和掌握自主可控技术为导向，重点围绕关键电子和光电元器件、新一代无线宽带通信、大数据与云计算、制造物联网、移动互联网、通信设备、新型显示和基础软件等重点领域加强技术攻关和应用推广	集成电路及关键元器件 大数据云计算 移动互联网与物联网 基础软件与信息安全技术 新型平板显示技术 通信设备制造 高性能计算
智能绿色制造技术	以高端、智能、绿色、服务为发展方向，进一步促进信息技术与制造技术深度融合，推进“互联网＋先进制造”的发展，实施绿色制造工程，重点突破核心基础零部件、先进制造工艺等技术瓶颈，发展机器人及智能装备与系统，构建绿色制造体系	核心基础部件 智能传感器与仪器仪表 高速高精制造工艺与技术 智能装备和系统 绿色制造
新能源技术	以绿色低碳为方向，研发生物质能、海洋能、地热能、太阳能、风能发电装备与技术，加快推动核能与核安全技术、智能电网以及建筑节能技术实现新突破	太阳能利用技术 风能利用技术 核电开发技术 智能电网技术 建筑节能技术 生物质能利用技术 海洋能 地热能

（续表）

技术体系	重点内容	重点领域
新材料技术	加快研发新型电子材料、特种功能材料、生物医用材料、海洋工程材料、环境友好材料和高性能结构材料，重点发展半导体照明芯片、封装和散热材料、半导体光伏材料、新型电子材料、生物医用材料、柔性传感材料、高性能复合材料、特种功能材料、稀土与纳米材料、先进电池材料和能量转换与储能材料、功能性有机发光材料等	先进印刷显示技术与材料 特种功能材料 稀土与纳米材料 新型电子材料 高性能动力和储能电池等材料 高性能复合材料 高性能海洋工程材料 生物医用材料
生物医药技术	以生物医药、现代化中药、特色化学原料药、药物制剂、体外诊断试剂、高端生物医用耗材和医疗器械、康复医疗辅助器具和新型智能康复系统与设备及关键制药装备等为重点，加强干细胞、精准医疗、转基因、生物信息、高端医疗设备、创新药物开发等关键技术和重点产品研制	干细胞与转基因技术 高性能医学诊疗设备 创新药物 中药现代化 现代生物资源开发
现代交通技术	重点发展新能源汽车、轨道交通装备及其关键系统零部件，建立健全研发设计、生产制造和产品标准、知识产权保护体系，提升装备自主化能力	新能源汽车 轨道交通装备 通用航空装备 城市智能交通管理技术与装备 跨江、跨海等特大型桥梁和隧道建养技术及装备

（续表）

技术体系	重点内容	重点领域
海洋产业技术	重点开展高端海洋装备及高技术船舶等领域关键技术及装备与产品研发，加强海洋资源开发利用等关键领域共性技术研究，提升海洋资源开发利用水平	海洋工程装备 海洋船舶 海洋生物制品
现代农业技术	围绕现代农业发展的“优质、高产、高效、生态、安全”要求，重点研究开发农业生物资源评价技术、动植物良种选育技术、高效安全优质种养技术、动植物重大有害生物防控技术、农产品质量安全技术、农产品精深加工技术、农业生态安全技术、农机农艺一体化研究、农业信息与农业互联网技术、美丽乡村与都市农业研究等	农业生物资源开发技术 动植物良种选育技术 高产增效种养技术 动植物重大有害生物防控技术 农产品质量安全技术 农产品精深加工技术 农业生态安全技术 智慧农业技术 现代农业装备技术

资料来源：根据《“十三五”广东省科技创新规划（2016—2020年）》整理。

（三）示范带动：深圳高新技术产业发展成为全国的一面旗帜

1. 深圳的高新技术产业发展

深圳高新技术的三大领域包括电子信息、生物医药以及新能源、新材料产业。

电子信息方面，已形成了以计算机、通信、微电子为代表的电子信息产业群。华为、中兴通讯、腾讯、长城计算机、创维、康佳、华强、赛格、宇龙、金蝶等一大批电子信息企业在深圳迅速崛起，代表了深圳电子信息产业的整体实力，展示着深圳电子信息行业的强大形象。

生物医药方面，深圳生物技术产业在生产技术、生产设施和检测条件等硬件上属国内一流水平，生产规模较大，在国内同行业中具有较大优势，已经成为生物医药产业发展的新高地。

新能源、新材料方面，作为深圳市三大高新技术支柱产业之一的新能源、新材料产业迅猛发展。

2017 年，深圳已有 5014 家企业达到国家级高新企业认定标准，深圳国高企业数量首次突破 1 万家，达 10988 家，占广东省总数的 49%，位居全国第二，仅次于北京，成为全国第二个破万的城市，提前两年完成“到 2020 年国家级高新技术企业超过 1 万家”的“十三五”目标。

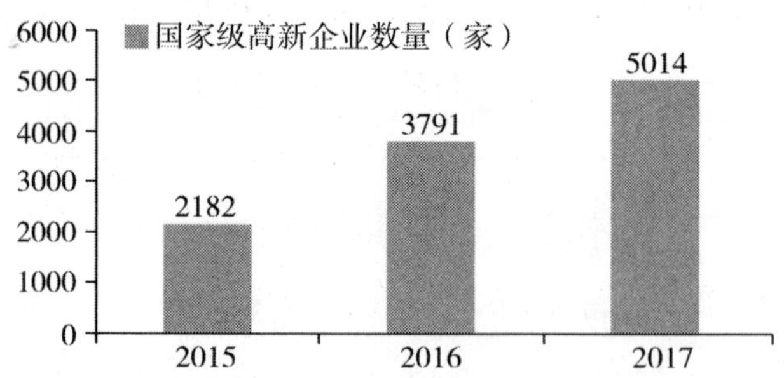

图 5－4　深圳的国家级高新企业数量

数据来源：中商产业研究院整理。

2. 深圳的创新发展

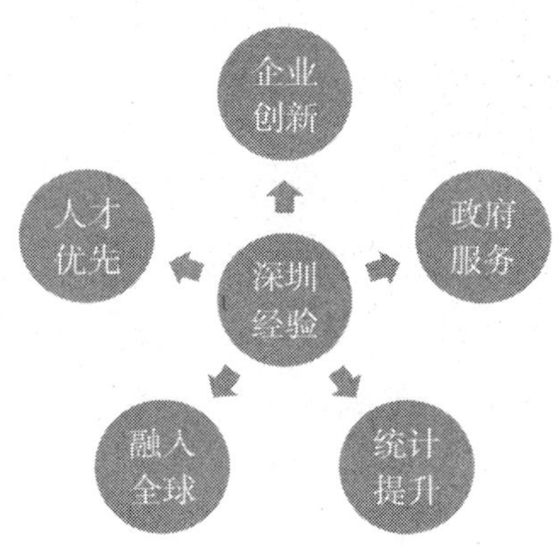

图 5－5　深圳创新发展的经验

（1）企业创新：重视企业的创新主体作用。

企业是科技创新的主体，深圳 90% 以上研发人员集中在企业、90% 以上研发资金来源于企业、90% 以上研发机构设立在企业、90% 以上职务发明专利生产于企业，这“四个 90%”集中反映了深圳企业在自主创新中的主体地位，是深圳创新体系的最大特点和优势。

（2）政府服务：政府为企业创新提供更好的服务和引导。

在深圳，政府和企业的界限比较清晰。政府只是服务者，是公平竞争的监管者、政策规范的制定者。“政府侧”主要是在法律法规、规划政策、相关计划等推进和引导下创新，营造宽松的创新环境，包括加大在住房保障、人才引进、科研项目支持、实验室技术中心建设、用地保障等方面的工作力度，同时加快政府职能转变，提高行政效率，为企业创新创造好的环境。

政府对城市和产业的发展方向高度重视、不断研究，具有非常前瞻的眼光。政府对于企业的引导主要是从产业角度引导向某个方向发展，比如电子产业向机器人、可穿戴、智能制造发展，不会具体研究企业做什么。

（3）人才优先：重视各类型人才的引进。

深圳出台《关于促进人才优先发展的若干措施》（简称《若干措施》），既有针对高层次人才、紧缺专业人才的特殊支持政策，又有针对各领域各层次人才的普惠性政策。《若干措施》实施后，每年市级财政的投入达44亿元。重要人才政策基本上达到国内最高水平，部分政策处于国内领先地位。

链接

深圳“三大政策”

2016年3月底，深圳出台《关于促进科技创新的若干措施》《关于支持企业提升竞争力的若干措施》《关于促进人才优先发展的若干措施》。三个“若干措施”在制度政策上率先做出前瞻性安排，三箭齐发，以制度创新释放制度红利、形成制度动力，将为深圳继续勇当“四个全面”排头兵、在全面建成小康社会决胜阶段加速“领跑”提供坚实保障和强劲动能。

《关于促进科技创新的若干措施》包括4个方面、62条措施，其中47条属于新增政策，占75.8%，15条在原有政策基础上加大了支持力度。明确提出打造“四区”——即科技体制改革先行区、新兴产业集聚区、开放创新引领区、创新创业生态区。

《关于支持企业提升竞争力的若干措施》包括8部分、37

条措施，涉及政策点162个，其中128个属于新增政策点，占79%，34个属于在原有政策基础上加大了支持力度。首次明确提出构建从“种子企业”到“领军企业”的良性发展梯队，着力化解企业经营压力，优化企业发展环境。

《关于促进人才优先发展的若干措施》提出20个方面81条措施，178个政策点。立足人才培养、引进、流动、举荐和评价等机制建设，打破束缚人才事业发展的条条框框。在人才安居保障、给各类人才“松绑”、落实人才自主权、优化人才服务等方面大胆突破，为人才提供全方位的支持，以最大限度激发人才创新创造创业活力，把深圳打造成为“人才高地”。

（4）系统提升：系统化、整体性提升创新能力。

创新能力建设，不是简单地引入一项科技成果或者一个创新团队，而是系统化、整体性提升创新能力。这里包含几个层次：

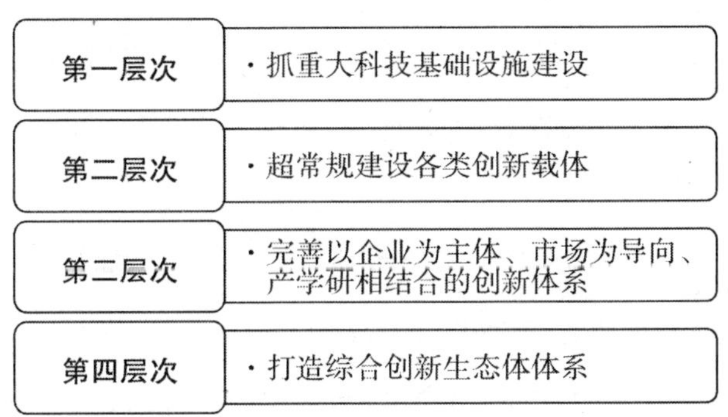

图5－6　深圳系统化、整体性提升创新能力

（5）融入全球：融入全球创新网络集聚全球创新能量。

深圳大力推进开放式创新，加速融入全球创新网络。大力实施“孔雀计划”，吸引国际一流创新团队，近年来累计吸引了64个“孔雀计划”团队；深圳正在硅谷、欧洲、以色列等世界若干个区域部署创新孵化器，让深圳的创新资源与最具创新能力的地区对接，接触最优秀的创新团队，同时计划设立大型并购基金，推动海外收购、并购；华为、中兴等一批企业加快创新“走出去”步伐，在国外布局设立研发中心。

（四）问题导向：存在的主要问题

1. 广东科技创新在国内的位置

表5－3　2016年广东部分科技创新指标

广东	2016年
高新技术企业数量全国第一	19857家
高新技术产品出口规模全国第一	2300亿美元
有效发明专利全国第一	168480件
PCT专利申请量全国第一	23574件
研发投入规模全国第一	2000亿元
区域创新能力综合排名首次全国第一	根据《中国区域创新能力评价报告2017》，广东区域创新能力综合排名首次全国第一

2. 广东科技创新在国际的位置

创新型国家的一个基本特征就是要求有较高的创新性投入，即国家的研发投入支出占 GDP 的比例一般在 2% 以上。广东研发投入规模比较大，但研发投入强度与美国、日本、韩国有比较大的差距。

表 5－4　部分国家和地区研发投入和 PCT 专利申请量

国家或地区	研发投入（R&D）（亿美元）		研发投入强度		PCT 专利数量（件）	
	2016	2017	2016	2017	2016	2017
美国	4951.44	—	3.10%	—	54665	54093
日本	1707	—	3.42%	—	45239	47255
韩国	64	—	4.23%	—	15566	15756
中国	2360	2592	2.11%	2.12%	43131	49515
广东	306	353	2.56%	2.65%	23574	26800

3. 广东科技创新存在的主要问题

（1）创新能力有待提升。

从《中国区域创新能力评价报告 2017》中可以看出，虽然在整体上广东创新能力排名第一，但在科技创新能力方面，还是有所欠缺。

（2）创新人才相对缺乏。

人才政策开放度不高、人才队伍大而不强、人才自主创新特别是原创力较弱等问题突出，高层次创新人才尤其是领军人才缺乏。

（3）创新主体需要培育。

广东省企业在全球技术链中，拥有先进技术、成熟技术和前沿技术的企业较少，而拥有尖端技术的企业更少。以制造业企业为例，除华为等少数企业外，制造业企业的研究开发投入大多在3%以下。这一比例在经济发达国家一般都是5%～10%，许多世界500强企业甚至超过10%。

（4）创新成果难以转化。

根据国家知识产权局统一部署的专利实施率的调查，广东企业的专利实施率是71.1%，发明专利实施率是69.9%，高校和科研院所的专利实施率只有18.7%，发明专利实施率是22.2%。

链接

“垃圾专利”在高校中较普遍

暨南大学教授梅林海认为，凑数专利（垃圾专利）在高校和科研机构非常普遍，原因无外乎三个方面。

第一，专利转化的政策不完善。政策并非缺失，但配套措施不足，条文不够细化，操作性不够强。

第二，专利转化的动力不足。由于一些专利和市场结合不够紧密，导致高校转化专利的动力不足；就算高校决定转化这个专利，机构也不完备。

第三，专利本身的技术含量不高，只是为了凑数或者评职称、拿经费而产生。这也是高校专利中一个很大的问题。

（资料来源：《专利成果转化难题亟待解决》，《南方日报》2017年4月19日）

（5）创新环境有待优化。

企业创新共生合作互动性不强，社会化、网络化、专业化的创新服务体系还不够发达，综合服务平台培育不够，特别是面向中小企业的培育和扶持体系不完善。

（五）战略引领：着眼国家战略需求，主动承接国家重大科技项目

1. 打造国家科技产业创新中心

建设国家科技产业创新中心是中央赋予广东创新发展的总定位。要聚焦产业发展、突出科技支撑、强化技术转化，推动更多科技成果转化为现实生产力。统筹推进知识创新、技术创新、区域创新、协同创新和科技服务体系建设，形成基础研究、应用开发、成果转化和产业化紧密结合，技术、人才、资源、政策等要素高效集聚融合的开放型区域创新体系。

具体任务是：

·以推动创新创业为导向，促进科技经济紧密结合

·以补齐科技短板为目标，增强创新发展后劲

·以建设重大平台为依托，打造创新发展的强大引擎

·以完善协同创新机制为抓手，构建多主体协同创新格局

·以提升服务与优化环境为途径，完善创新创业生态系统

链接

广东聚焦重大前沿科研领域

广东推进国家大科学基础设施和大工程建设，投资50亿元与中科院联合创建珠三角国家大科学中心，在中微子、超材料、基因组、干细胞、移动通信技术等多个领域跻身世界领先水平，成为国家重大科技基础设施项目布局建设最多的省份。基础物理学领域，“加速器驱动嬗变系统研究装置”“强流重离子加速装置”等国家重大科技基础设施落户惠州，中国（东莞）散裂中子源、中微子二期实验室（江门）等工程建设取得新进展。超级计算领域，广州超级计算机“天河二号”曾连续三年获世界超算冠军，目前已部署了700多个应用软件和工具软件，用户总数突破2000家，成为全世界用户数量最多、利用率最高的超级计算系统之一。

（资料来源：《“中国硅谷”立足广东迈向国际》，金羊网2017年10月9日）

2. 建设国家自主创新示范区

形成以广州、深圳为龙头，珠三角地区其他7个地市为支撑的“1+1+7”珠三角国家自创区建设格局，强化广州、深圳作为珠三角创新发展“双引擎”的作用。

推动自创区创新发展，引导自创区提质升级、大力发展创新型产业集群、提升自创区国际化水平等。加快专业镇转型发展，实施“重点示范专业镇”行动、建设专业镇协同创新中心、推进传统优势产业升级等。促进区域创新协同发展，落实打造珠三角科技创新共同体、提升粤东西北地区区域创新能力、促进珠三角与粤东西北创新联动等重点任务。

链接

国家级高新区建设

——推进广州高新区体制机制创新，加速科技成果转移转化，构建高端创新型产业集群，整合国际高端创新资源，建成国内领先的科技园区。

——加快深圳高新区北区改造，全面推进高新区优化升级工作，进一步强化原始创新、科技金融创新、产业组织创新，提升知识创新和原始创新能力，促进自主创新能力和产业竞争力“双提升”，建设世界一流高科技园区。

——完善珠海高新区“一区五园”管理机制和协同发展模式，进一步完善“创业苗圃—孵化器—加速器”全链条孵化体系，推进航空航天产业、海洋装备制造业、软件和集成电路设计、生物医药、机器人等特色产业集群建设，建成国内先进的创新性科技园区。

——加快建设佛山高端装备制造产业集聚区、广东省智能制造产业基地、粤桂黔高铁经济带合作试验区和金融、科技、产业融合创新综合试验区，推进制造业转型升级，提升自主创新能力，建成具有亚太影响力的科技园区。

——加快实施“恺炬创新行动”，充分发挥仲恺高新区体制改革优势，带动“一区四园五镇”全面发展，积极推进惠州“潼湖生态智慧区”建设工作，努力建成国家生态文明建设示范区、珠三角创新要素集聚区、智慧城市引领区。

——推动东莞松山湖高新区机制体制创新，重点探索新型研发机构科技成果转化激励、土地混合使用等政策措施，全面提升园区产业竞争力和自主创新能力，争取到2020年高新区综合排名进入全国20强。

——推动中山高新区在管理体制机制和现代治理能力上先行先试，提升健康科技、高端装备等产业集群水平，建成国内先进的创新型科技园区。

——完善江门“高新区+行政区+大部制”管理体系，推进市一级事权下放、行政审批制度改革、机构设置优化和干部管理机制体制的改革探索，发挥江门高新区的创新集聚带动作用，建成国内先进的创新型特色园区。

——推动肇庆高新区强化招商引智，加快培育高新技术企业，建设一批新型研发机构和孵化器，推动“一区多园”错位协同发展，引导全市新型工业化，打造现代科技工业城。

——推动河源、清远等高新区提升创新发展水平；加快汕头、韶关、梅州、阳江、湛江、茂名、潮州、揭阳、云浮、汕尾、南海、顺德等省级高新区发展水平；推动条件成熟的县（区）建立省级高新区。

［资料来源：《“十三五”广东省科技创新规划（2016—2020年）》］

创新型产业集群

——广州要加快广州高新区个体化医疗和生物医药共性技术平台建设，提升广州个体化医疗和生物医药产业集群发展水平，积极打造智能装备、新一代信息技术等产业集群。

——深圳要加快提升下一代互联网创新型产业集群发展水平，推进三网融合，促进物联网、云计算的研发应用，加快建设宽带、融合、安全的下一代信息基础设施，推动新一代移动通信、下一代互联网核心设备和智能终端的研发和产业化。

——珠海要进一步做大做强智能环保家居、软件和集成电路设计、生物医药和智能电网、移动互联网等优势产业，积极布局智能机器人、航空航天、海洋工程装备等新兴产业集群。

——佛山要积极提高佛山物联网应用产业基地、广东省智能制造示范基地、国家（南海）高端装备产业园、广东生物医药产业基地、广东新材料产业基地、广东新光源产业基地等载体发展水平，提升产业集群发展水平和层次。

——惠州要全力打造仲恺高新区具有国际影响力的“国家云计算智能终端创新型产业集群”和“世界手机之都”，重点抓好关键技术攻关，以技术创新驱动产业集群发展，建设世界级云计算智能终端产业集群。

——东莞要加快东莞松山湖高新区（生态园）、台湾高科技园、两岸生物技术产业合作基地以及智能手机省市共建基地、中科院云计算中心等重大平台建设，促进产业集聚、集约发展。

——中山要加快推动中山专业镇向创新型产业集群转变，加快构建专业镇龙头企业领军导航、中小企业协同跟进的现代产业集群发展模式，提升美居产业、LED 产业、先进装备制造产业、家用电器产业、电子信息产业、健康医药产业等优势集群水平。

——江门要加快发展轨道交通、重卡和商用车、新材料、新能源及装备、教育装备和大健康等五大产业集群。

——肇庆要依托高新区、肇庆新区等产业集聚地，完善生物医药健康和新材料等产业链建设，打造节能环保产业集聚地，形成珠三角新材料产业集群的成长新区。

——河源要依托龙头企业大力发展手机通讯、模具等产业集群。

——清远要依托新材料产业基地，重点发展稀散金属、高分子功能材料、无机功能材料等，建成具有全国影响力的新材料产业集群。

——汕头、韶关、梅州、阳江、湛江、茂名、潮州、揭阳、云浮、汕尾、南海、顺德等省级高新区要结合本身实际，选择1~2个产业细分领域，通过体制机制创新，以科技资源带动各种生产要素集聚，形成以科技型中小企业、高新技术企业和创新人才为主体，以创新组织网络、商业模式和创新文化为依托，各具特色的创新型产业集群。

[资料来源：《“十三五”广东省科技创新规划（2016—2020年）》]

---

3. 健全科技创新重大平台体系

建成由广东省实验室、国家重点实验室、广东省重点实验室等共同构成的梯次发展的实验室体系。

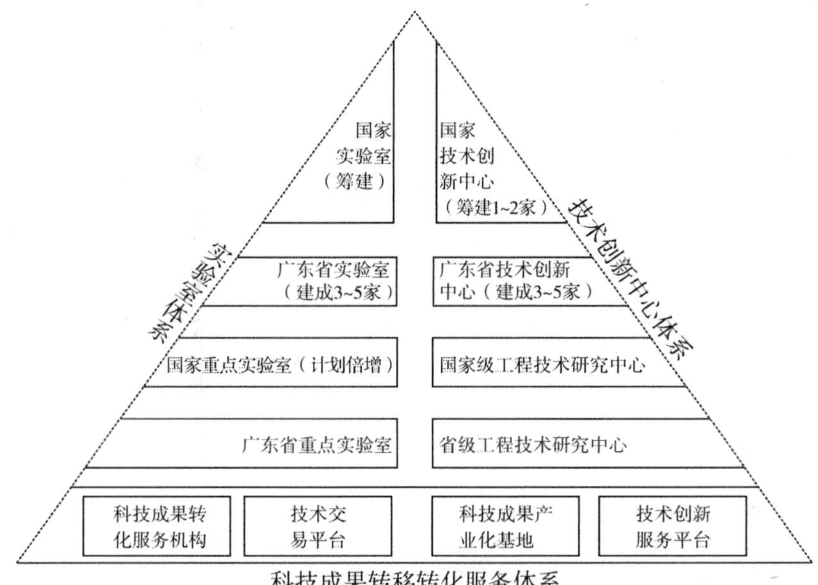

图 5－7　广东科技创新重大平台体系

4. 完善多主体协同创新体系

深化“三部两院一省”产学研合作，加强产学研协同创新平台建设，完善政产学研用合作机制，提升产学研协同创新的引领和带动作用。

按照军民融合发展的总体要求，健全军民融合工作机制，加快引进国防科工系统创新资源，推进军民科技合作，形成军民深入融合发展的新格局。

坚持以全球视野谋划和推动科技创新，充分发挥毗邻港澳地区、国际化程度高的优势，抓住参与“一带一路”建设的机遇，主动融入全球科技创新体系，加快形成全方位、多层次、宽领域的对外开放合作新格局，努力建设具有国际影响力的科技创新枢纽。

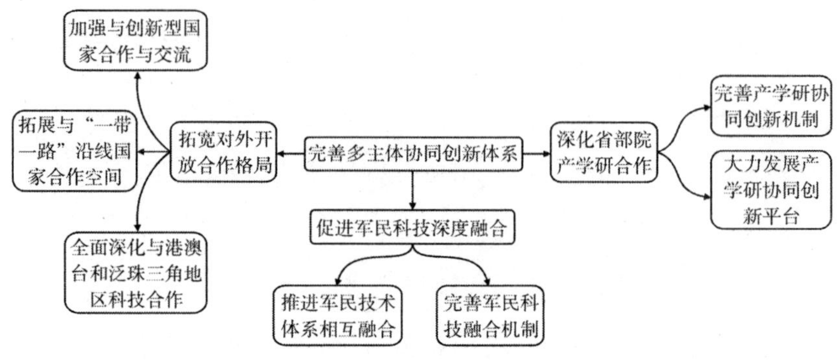

图5-8　广东多主体协同创新体系

（六）人才保障：加快引进国内外顶尖科技人才

1. 广东进一步集聚高端人才的思路

截至2017年底，全省专业技术人才和技能人才总量分别达555万人和1106万人，高层次和高技能人才分别达73万人和322万人，累计招收培养博士后约1.3万人，在站博士后4200余人，为广东省创新发展提供了有力的人才保障和智力支持。未来广东省集聚高端人才的思路是：

（1）坚持顶层设计与创新良性互动。

统筹考虑粤东西北不同区域的产业基础，多层次多种类开展创新人才高地建设。鼓励各地市围绕区域发展实际，在局部范围、特殊领域内，创新更加开放、更加符合实际的人才政策。

（2）坚持整体性战略思维与治理模式。

与粤港澳大湾区城市群建设、“一带一路”建设、产业发展、财税政策、科技政策以及经济社会其他领域重要政策紧密结合、有效匹配，把人才的引进、培养、使用等不同开发环境整合协调起来。

（3）坚持从政府主导到市场主导。

市场是人才资源开发和配置中的主体，主要包括企业、人才服务机构、行业协会等。政府应该扮演决策者、协调者、支持者和监督者的角色，主要是通过政策制定、宏观规划、统筹协调、监督考核等方面有序推进人才建设。

（4）坚持构建良好的人才生态系统。

加强人才政策制定、梳理、修订和完善，增强人才的体系化和透明化；在人才管理、使用、评价、引进等体制机制方面进行创新，使得人才政策与国际化标准相适应。加强创业融资环境、生活服务环境、社会文化环境的建设和优化，形成良好的人才发展生态环境。

2. 广东进一步集聚高端人才的主要措施

（1）深入实施人才计划，着力打造高层次创新型人才队伍。

积极对接国家“千人计划”“万人计划”，优化提升省“珠江人才计划”“扬帆计划”“广东特支计划”等计划，大力引进一批基础研究领域学术带头人，以及一批科技领军人才和创新创业团队。

建立“靶向引才”机制，面向全球遴选引进世界一流水平的创新团队和领军人才。完善“柔性引才”机制，以多元方式引进紧缺急需人才。优化人才培养模式，围绕产业转型升级需求打造高水平大学、高水平理工科大学和重点学科。

链接

广东省重点人才计划

珠江人才计划。“珠江人才计划”是省委、省政府加快吸引培养高层次人才、实施创新驱动发展战略的重大举措。“珠江人才计划”旨在坚持“三注重两符合”原则（即注重人才水平、注重技术成果、注重产业化前景，符合加快发展需要、符合优化经济结构需要）。“珠江人才计划”分个体资助和团体资助两个类别，设立“创新创业团队”“领军人才”“博士后资助”和“海外专家来粤短期资助”四个项目。其中“创新创业团队”和“领军人才”分“技术研发产业化”和“应用基础研究”两类申报评审，专设“海外青年英才团队项目”。

扬帆计划。“扬帆计划”是省委、省政府为帮助粤东西北地区突破人才短缺的“软瓶颈”，进一步加快粤东西北地区振兴发展的重要战略部署。主要包括竞争性扶持市县重点人才工程项目、引进创新创业团队、引进紧缺拔尖人才、培养高层次人才和高技能人才项目、博士后扶持项目、人才驿站和科技专家服务团项目。

广东特支计划。“广东特支计划”是省委、省政府为培养本土人才，建设人才高地而作出的重要举措。每年在全省有计划、有重点地遴选支持一批自然科学、工程技术和哲学社会科学领域的杰出人才、领军人才和青年拔尖人才。遴选对象包括 3 个层次 9 类人才：第一层次为杰出人才；第二层次为领军人才，分为科技创新领军人才、科技创业领军人才、宣传思想文化领军人才、教学名师、百千万工程领军人才；第三层次为青年拔尖人才，分为科技创新青年拔尖人才、青年文化英才、百千万工程青年拔尖人才。

（2）加强青年创新人才培育。

建立和完善中青年科技人才的评价体系和考核机制，对青年科技人才开辟特殊支持渠道，支持高等学校、科研机构、企业积极吸引培育国家“青年千人计划”“杰出青年”等高层次人才。实施博士后国际交流计划，吸引更多海外优秀博士来粤从事博士后科研工作。

（3）充分激发人才创新创造创业活力。

改革人才管理体制，充分保障和落实用人主体自主权。创新人才激励机制，提高发明成果转让收益用于奖励研发团队的比例，制定完善人才入股、技术入股及相关税收政策。开展南粤突出贡献和创新奖评比表彰，让人才有更多成就感、获得感。

（4）探索构建具有全球竞争力人才制度体系。

以粤港澳大湾区城市群建设为契机，努力打造群英荟萃、文化多元、和谐包容、政策开放的国际人才港。创新人才出入境管理机制，优化永久居留受理审批程序，实行更加开放的签证和停居留政策。完善高层次人才创新创业扶持机制，在人事管理、投资融资、税收、股权激励、成果转化等方面开展创新试点，推进粤港澳人才职业资格互认。大力推进南沙粤港澳（国际）青年创新工场、前海深港青年梦工厂、横琴澳门青年创业谷等港澳青年创业基地建设，设立高层次人才“一站式”服务专区，打造国际标准的人才创新创业载体和综合服务体系。

（七）企业培育：加强对中小企业创新支持，培育具有自主知识产权和核心竞争力的创新型企业

1. 加强对中小企业创新支持

（1）中小企业创新的特点和难点。

中小企业创新具有多样性和广泛性，在创新来源、创新方式、创新过程以及创新成果等各个方面，中小企业技术创新都显示出无限的多样性。中小企业创新具有更高的效率和更充分的活力，但中小企业创新更有赖于与外界的合作。

广东省中小企业数量超过 700 万家，占全省企业总数的 95%，但分别只有 3% 企业申请过、1% 的企业获得过专利。经费投入不足、技术创新基础薄弱、缺乏专业人才、融资渠道不畅通，中小企业的科技创新面临各种问题和难点。

一是市场化创新应变能力不强，抑制了创新活力和发展空间；二是形成低成本复制创新路径依赖，激发业态创新动力不足；三是创新要素吸纳能力偏弱，激活中小企业创新活力的要素支撑不足；四是创新投入定向支持不足，难以有效激发中小企业创新活力和潜能。

（2）如何支持中小企业创新。

一是建设平台，以打造创新平台体系为重点优化产业环境。

打造中小企业协同创新平台体系，推动中小企业对接创新资源与产业需求，融入创新链条，加快提高科技创新成果转化和产业化水平。

打造大中小企业协同共生创新平台，以重大创新项目、重大创新工程、重大创新平台建设为依托，推动以大企业为主导，大中小企业共生的协作创新网络的形成和发展。

强化创新服务载体建设，构建面向中小企业创新全过程的服务平台，建立社会化、网络化服务体系。

二是示范带动，大力培育创新型示范中小企业，引导中小企业做强做优。

实施中小企业创新型企业家培育计划，造就创新型企业家群体，提升中小企业家创新意识，增强市场开拓能力和经营管理水平。

培育科技型中小企业上市梯队，对拟上市科技型中小企业，在资源配置、土地供应、重点项目推介、资金投向，特别是政策性资金投向上进行适当倾斜和扶持。

发展一批拥有自主知识产权、自主品牌，创新能力强、成长快的创新型先锋中小企业。

三是激发活力，引导传统产业中小企业开展微创新活动，激发创新活力。

推进中小企业开展各种微创新活动，提高创新升级的自主性。为中小企业在新技术、新工艺、新材料等领域的微创新提供条件，对通过微创新形成产品和服务的创新、商业模式创新的企业给予表彰。

业态创新，即引导中小企业利用互联网信息技术切入新兴产业，培育新业态。

树立“互联网+”思维模式，建立高度灵活的个性化和数字化的产品与服务的智能生产模式。

推动产业链的协同和重组，为中小企业提供工业化和信息化深度融合的创新升级或转型机遇，形成新的产业空间和创新空间。

建设一批“互联网+”创新创业示范基地，为推动中小企业以互联网思维改造传统制造模式、创新模式和服务模式提供示范。

四是开放创新，推动中小企业开放式创新，完善创新生态系统。

打造“类硅谷”的创新环境，打造海归创业园、综合孵化器、专业技术孵化器等多种形式的科技企业孵化器，建立“专业孵化+创业导师+天使投资”的孵化模式。

抓住“反向创新”“离岸创新”“开放创新”等全球创新趋势，进一步深化国际科技交流与合作，完善开放式创新网络，促进创新载体的全球化合作，推动中小企业实施共享式创新。

主动融入全球科技创新分工体系，打造便利于全球化科技创新的平台与空间，为企业参与全球创新项目提供高端对接平台。

2. 培育创新型企业

(1) 什么是创新型企业?

创新型企业是指拥有自主知识产权的核心技术、知名品牌，具有良好的创新管理和文化，整体技术水平在同行业居于先进地位，在市场竞争中具有优势和持续发展能力的企业。

链接

创新型企业的特征

◇具有企业发展的关键技术和自主知识产权。拥有发明专利，软件、集成电路、农业企业近三年获得过著作权、集成电路布图设计权或植物新品种权等。主持或参与制定过行业、国家或国际技术标准。

◇具有持续创新能力。有良好的产学研合作关系。在同类企业中，研发费用占年主营业务收入比例较高。在同行业处于技术领先地位，具有较强的发展潜力。重视科技人员和高技能人才的培养、吸引和使用。

◇具有行业带动性和自主品牌。主导产品市场占有率在全省同行业（细分）位居前列，有较大的主营业务收入规模，发展潜力大。拥有省部级以上名牌产品或知名商标。新产品（新服务）或采用新工艺带来的销售收入占当年主营业务收入的20%以上。

◇具有较强的盈利能力和较高的管理水平。主营业务收入不低于2亿元和近三年连续盈利，资产负债率合理，治理结构健全，具有良好的社会诚信形象。通过质量管理等相关认证，制药企业通过国家GMP认证。知识产权管理制度健全，有专门的知识产权管理机构或专人负责知识产权管理工作。

◇具有明确的创新发展战略和良好的企业文化。

（资料来源：《广东省2017年创新型企业试点工作实施方案》）

（2）如何培育创新型企业？

一是提升创新型企业的战略引领掌控力。培育创新引领型企业，力争培育几个从研发国际化向全球创新引领者转变的标杆企业。培育转型引领型企业，推动一批大企业加快转型升级、实现跨越发展。培育国际化引领型企业，推动一批大企业加快由世界工厂向品牌运营商的转变。

二是培育创新型特色价值链。优化创新资源配置，加快提升创新型企业的突破性创新能力，建设和完善一批省级和国家级技术创新平台，培育一批国家级创新型企业。在核心技术层面形成突破，增强特定特色环节的竞争力，构建完整的核心产业链，形成以创新型企业为龙头的区域核心技术链。推动创新型企业以突破性创新带动和引领产业发展，在互联网产业、遥控产业、基因工程产业、新能源产业、激光产业、石墨烯产业、太赫兹产业、3D打印产业等领域加大投入力度，争取实现新突破。

三是完善开放式技术创新体系。引导创新型企业优化科技资源配置，重点抓好处于并跑、领跑水平的关键核心技术转化应用，逐一制订产业化扶持措施。加强突破性创新和关键行业技术突破，引导并支持创新型企业加强重点行业关键技术突破和标准制定，形成产业核心技术、关键配套技术和技术服务环节一体化的产业核心技术链。优化和提升企业创新平台，加强企业之间的协同创新，组建创新中心、重点实验室、工程中心、工程实验室、创业创新基地联盟等创新平台。

四是加快战略布局和产业布局，增强创新型企业的核心竞争力。加强创新型企业在战略性新兴产业中的布局，制订新兴产业的重要支持项目目录，鼓励创新型企业选择有基础的领域率先突破。支持创新型企业加快整合产业链上下游资源，向自主研发、品牌营销等服务环节延伸，创新商业模式，提高产品附加值，大力推动企业的产业升级。加快创新型企业在“互联网＋”中的布局，推进“互联网＋”制造，推动企业开展工业互联网创新融合，组建工业云平台，开展工业云及工业大数据创新应用试点。鼓励创新型企业构建并完善全球产业价值链网络体系，逐步成为新兴和发展中经济体区域价值链的重要治理者，提高产品链高端竞争力，进入全球价值链分工体系中的中心环节。

主要参考文献

1. 刘志彪：《建设现代化经济体系：新时代经济建设的总纲领》，《山东大学学报（哲学社会科学版）》2018 年第 1 期。

2.《建设现代化经济体系》，《现代国企研究》2018 年第 7 期。

3. 李国斌：《关于西藏现代化经济体系建设的思考》，《西藏发展论坛》2018 年第 1 期。

4. 季晓南：《加强现代化经济体系的理论和实证研究》，《经济研究参考》2017 年第 63 期。

5. 张美华、杨书群：《找准佛山建设现代化经济体系走在前列的着力点》，《广东经济》2018 年第 3 期。

6. 季晓南：《加快建设适应与引领高质量发展的现代化经济体系》，《理论探索》2018 年第 3 期。

7. 黄群慧：《建设现代化经济体系的路径和方向》，《现代国企研究》2018 年第 7 期。

8. 杜志雄：《建设现代化经济体系需补齐短板》，《经济研究参考》2017 年第 63 期。

9. 金辉：《专家热议现代化经济体系建设》，《经济研究参考》2017 年第 63 期。

10. 张于喆、王君、李红宇等：《“十二五”高技术产业和战略性新兴产业发展回顾及“十三五”展望》，《经济研究参考》2016 年第 27 期。

11. 胡品平、朱婧：《基于多维视角的全球新兴产业发展趋势分析及对广东的建议》，《科技管理研究》2017 年第 24 期。

12. 刘洪民、杨艳东、韩熠超：《战略性新兴产业阶段性演进特征及其政策动态调整：一个文献述评》，《科技管理研究》2018 年第 7 期。

13. 张晓宁、金桢栋：《产业优化、效率变革与国家级新区发展的新动能培育》，《改革》2018 年第 2 期。

14. 张会新、白嘉：《模块化视角下战略性新兴产业突破式创新路径选择》，《科技进步与对策》2018 年第 5 期。

15. 黄汉权：《建设支撑高质量发展的现代产业体系》，《经济日报》2018 年 5 月 10 日。

16. 顾乃华、唐荣：《构建与现代化经济体系相适应的协同发展产业体系》，《暨南学报（哲学社会科学版）》2017 年第 12 期。

17. 黄群慧：《论新时期中国实体经济的发展》，《中国工业经济》2017 年第 9 期。

18. 胡红：《防止实体经济与虚拟经济撕裂倾向的机制研究》，《经济研究导刊》2017 年第 9 期。

后 记

习近平总书记参加十三届全国人大一次会议广东代表团审议时强调，广东既是展示我国改革开放成就的重要窗口，也是国际社会观察我国改革开放的重要窗口，广东要在构建推动经济高质量发展的体制机制、建设现代化经济体系、形成全面开放新格局、营造共建共治共享社会治理格局上走在全国前列。为深入学习贯彻党的十九大精神，奋力推动习近平新时代中国特色社会主义思想在广东落地生根、结出丰硕成果，广东省社会科学院与广东人民出版社共同组织编写《“四个走在全国前列”系列学习读本》丛书。

广东省社会科学院党组对编写工作非常重视，中共广东省委宣传部副部长、省社科院党组书记蒋斌同志，党组副书记、院长王珺同志亲自担任丛书主编，对丛书的编写和出版工作给予精心指导。党组成员、副院长刘小敏、周薇、章扬定、赵细康、袁俊同志多次组织并参与编写组专门会议，商定丛书编写工作。省出版集团、南方出版传媒和广东人民出版社领导也对编写出版工作给予高度重视和大力支持，选派精干编辑队伍，对编写全过程予以协助。

《“四个走在全国前列”系列学习读本》丛书由广东省习近平新时代中国特色社会主义思想研究中心和广东省社会科